# 中小企業M&A実務必携

## M&A手法選択の実務

熊谷 秀幸・村木 良平
雙木 達也・慎 純敏　[著]
株式会社日本M&Aセンター

株式会社きんざい

## はじめに

　企業は各々の存在意義・社会的意義を世に問いつつ、持続的成長を目指し日々の事業活動を行っています。そのような中で、めまぐるしく変わる環境に適応し理想の経営を形にするため、M&Aを活用する企業が増えています。企業規模に関わらず、事業承継や成長戦略等を実現するための手法としてM&Aを活用することは一般的になりつつあるといえるでしょう。

　企業の経営形態・事業体の形に絶対的な正解はありませんが、どのような経営を実現したいか、という問いに答える最適解が複数存在します。例えば、選択と集中により得意分野に経営資源を投下して競争に勝つといった発想や、複数の企業が成長戦略を描きお互いのノウハウを持ち寄って経営統合する、といった発想を形にできる手法、それがM&Aです。

　本書は、「M&A＝理想的な企業経営を実現するツール」として捉え、その活用手法を啓蒙することを目的としています。企業の経営企画担当者、金融機関や会計事務所の職員をはじめ、企業経営者及びその参謀として現場で業務従事されていらっしゃる方々に対し、M&A手法のコンセプトを整理し課題解決ツールとして使いこなすヒントを提供することを主眼に置いています。

　弊社はM&Aの仲介・コンサルティングのリーディングカンパニーとして累計4,500件超M&A成約実績を積み重ねてきました。本書は強力なソリューションツールであるM&Aに関するノウハウを元に、パッケージ化したものです。

　本書が企業経営者及びM&Aの現場で実務に携わる方々にとって「かゆいところに手が届く実務書」となり、みなさまの理想の経営を形にする一助となれば幸いです。

　最後になりましたが、本書の刊行にあたりご協力くださいました皆様、本当にありがとうございました。この場を借りて深く感謝いたします。

2019年2月

熊谷　秀幸　　村木　良平

雙木　達也　　慎　　純敏

## 本書の使い方

　本書は、きんざいM&A実務必携シリーズ　税務編・法務編・M&A概論編に続く「応用編」の位置付けで出版されました。

　本書のコンテンツは、第一部「M&A・組織再編手法の概要」と第二部「M&A手法選択のポイントと事例」で構成されています。M&A・組織再編の手法について、会計・税務の論点をメインにフレームワークから実務上のポイントまで捉えていただけるような内容を心掛けています。

　第一部では、M&Aを経営課題解決のツールとして捉え、各M&A手法の特性と使い方について解説しています。各M&A手法が有している機能に着目してコンセプト整理を行うとともに、ツールとしてM&Aを使いこなしていただくためのポイントをまとめています。

　第二部では、弊社成約事例を取り上げ、ケーススタディを通じて「どのような思考回路で、どのようにM&Aを活用して課題解決したのか」を疑似体験していただけるような構成としています。M&A手法プランニングのためのフレームワークに沿って手法選択の思考回路を辿り、「M&A脳」を養成するような内容を心がけています。ここに多数のM&A成約実績を重ねてきた弊社のノウハウが凝縮しているといえます。既にM&A手法の基礎をマスターしていらっしゃる方については第二部から読み進めていただき、必要に応じて第一部の論点を参照する、といった使い方も効果的です。

　前述のとおり、本書は応用編としてシリーズ各書籍と内容が関連している箇所がございます。特に税務編は株式譲渡のパートと関連しているため、本書とペアになるような形で参照いただくことで深い理解とより実務的な論点整理ができるような構成となっています。

〔関連項目へのリンクについて〕

　本書の文中に【〇−〇】と記載されている時は、関連情報や詳細説明へのリンクを示しています。例えば、文章の末尾に【2−10】と記載されている時は、当該文章に関連する内容が第二章【2−10】に含まれています。

# 著者プロフィール

■ 熊谷 秀幸（くまがい ひでゆき）
**公認会計士／税理士**
中央青山監査法人での監査業務、大手証券会社における事業承継、IPO、M&A等に関する幅広いアドバイザリー業経験を経て、2007年株式会社日本M&Aセンターに入社。以来、未上場の中小企業から上場企業、国内外問わず幅広い分野で年間数十件のM&A案件に関与。

■ 村木 良平（むらき りょうへい）
**税理士**
民間企業での経理・財務・社会保険実務全般、上場準備、上場後の開示実務、国際税務を含めた税務実務、上場企業同士の再編実務等幅広い業務を経験後、2010年株式会社日本M&Aセンターに入社。主に税務面からM&A案件に関与。関与案件は数百件以上にのぼる。
（著書）
『中小企業M&A実務必携　税務編』／株式会社きんざい 2016年・2018年

■ 雙木 達也（なみき たつや）
**税理士／米国公認会計士／中小企業診断士**
大手印刷会社、大手広告代理店、会社経営、デロイトトーマツ税理士法人での税務コンプライアンス・組織再編コンサルティング・クロスボーダー税務業務従事経験を経て2012年株式会社日本M&Aセンターに入社。国内案件からASEANのクロスボーダー in-out 案件まで多数の成約実績を有する。

■ 慎 純敏（しん よしとし）
**公認会計士**
大手監査法人、中堅および大手財務系コンサルティング会社での監査・IPO業務、M&Aや事業再生等のコンサルティング業務を経て、2014年株式会社日本M&Aセンターに入社。組織再編や買手FAを含む国内から海外まで多数の案件に関与。

### 執筆協力者

- 羽田 寛芳（はだ ひろみち）
  公認会計士
  東京本社

- 長坂 晃義（ながさか あきよし）
  公認会計士
  東京本社

- 山崎 祐慶（やまざき ゆうけい）
  公認会計士
  東京本社

- 岩木 保樹（いわき やすき）
  公認会計士
  東京本社

- 西尾 友佑（にしお ゆうすけ）
  公認会計士
  大阪支社

- 清水 大輔（しみず だいすけ）
  公認会計士
  大阪支社

- 森 志帆（もり しほ）
  公認会計士
  名古屋支社

※著者並びに執筆協力者は全て株式会社日本M＆Aセンター　コーポレートアドバイザー室所属（2019年2月時点）

- 株式会社日本M＆Aセンター
  設立：1991年4月設立
  事業内容：中堅中小企業のM＆A支援
  ・中堅中小企業のM＆A成約支援実績は業界No.1の累計4,500件超。
  ・東証一部上場、M＆A専門コンサルタント約330名。
  ・企業の「存続と発展」を目的とした友好的M＆Aを全国で支援。
  ・全国の地方銀行9割、信用金庫8割、853の会計事務所と提携し、国内最大級のM＆A情報ネットワークを構築。（2018年12月末時点）

同社コーポレートアドバイザー室は、M＆A業務を遂行するための高度な専門性を有する会計士・税理士・弁護士・司法書士で構成される部署。同社が関与する全ての案件について、会計・税務・法務の観点からディールサポート及びコンサルティングを行っている。案件関与を通じてM＆Aのテクニカル面のノウハウを蓄積、品質管理やナレッジマネジメントも担当している。

# 目次

はじめに ……………………………………………………… (2)
本書の使い方 ………………………………………………… (3)
著者プロフィール …………………………………………… (4)
執筆協力者 …………………………………………………… (5)

## 第一部　M&A・組織再編手法の概要

### 第一章　M&A・組織再編手法の概要「ツールとしてのM&A」

|  |  |  |
|---|---|---|
| 1-1-序 | 全体像 …………………………………………… | 2 |
| 1-1-1 | 「ぶらさげる」M&A　概要 ………………… | 6 |
| 1-1-2 | 「切り出す」M&A　概要 …………………… | 8 |
| 1-1-3 | 「くっつける」M&A　概要 ………………… | 10 |
| 1-1-4 | 会計と税務の違い ……………………………… | 12 |
| 1-2-1 | 株式譲渡 ………………………………………… | 16 |
| | 関連論点　株主の分散 ………………………… | 23 |
| 1-2-2 | 事業譲渡 ………………………………………… | 24 |
| | 関連論点　印紙税 ……………………………… | 31 |
| | 関連論点　事業譲渡諸費用の税務上の取扱い … | 35 |
| 1-2-3 | 会社分割 ………………………………………… | 36 |
| | 関連論点　会社分割時の分割法人の減価償却費 … | 85 |
| 1-2-4 | 株式交換 ………………………………………… | 86 |
| 1-2-5 | 株式移転 ………………………………………… | 102 |
| 1-2-6 | 合併 ……………………………………………… | 116 |

## 第二章　M&A・組織再編関連論点「ツールとしてのM&Aを使いこなすためのTips」

| | | |
|---|---|---|
| 2-1 | 税制適格について | 134 |
| | **関連論点**　M&Aにおける分割型分割の活用 | 144 |
| 2-2 | のれん | 146 |
| | **関連論点**　営業権（自己創設のれん）評価益計上不要 | 150 |
| 2-3 | 組織再編のスケジュール | 152 |
| 2-4 | 繰越欠損金・特定資産の譲渡損等の制限 | 162 |
| 2-5 | みなし配当 | 170 |
| | **関連論点**　① 自己株買いによる株式取りまとめ | 174 |
| | **関連論点**　② 清算配当を抑えるための過大役員退職金 | 175 |
| 2-6 | 不動産諸税 | 176 |
| 2-7 | 現物分配 | 178 |
| | **関連論点**　事業の配当はできない | 181 |
| 2-8 | グループ法人税制 | 182 |
| 2-9 | 連結納税 | 186 |
| 2-10 | スクイーズアウト | 188 |

# 第二部　M&A手法選択のポイントと事例

## 第三章　手法ごとの比較「M&Aはこうやって使いこなす」

**3-序**　事例から「ツール」を使いこなすイメージを持とう ……… 194

**3-1**　分社型新設分割＋株式譲渡
　　　一部事業を切り出し第三者承継する際の定番手法 ……… 196

**3-2**　共同新設分割＋株式譲渡（＋無対価合併）
　　　組織再編を活用し、事業ポートフォリオ整理と第三者承継を実現 ……… 206

**3-3**　税制適格要件を満たす分割型分割
　　　平成29年度税制改正で可能になった非事業用資産の簿価切り出し ……… 220

**3-4**　分割型新設分割
　　　法人のノンコア事業切り出しならではの非適格組織再編活用事例 ……… 232

**3-5**　現金対価の吸収分割
　　　不明株主問題をクリアするため、事業を切り出して第三者承継 ……… 244

**3-6**　吸収分割（＋吸収合併）
　　　許認可のスムーズな承継と親会社からの借入金の問題を解決 ……… 254

**3-7**　株式譲渡＋株式交換
　　　株式譲渡と株式交換を組み合わせ、譲渡側と譲受側の利害を調整 ……… 266

**3-8**　非適格株式交換
　　　適格組織再編とすることよりも自己株式の積極活用を重視 ……… 278

**3-9**　株式交換＋株式譲渡
　　　株式交換の活用により複雑な株式持合関係を整理し第三者承継を実現 ……… 290

**3-10**　現金対価の株式交換
　　　株式交換によるスクイーズアウト（少数株主からの株式強制買取り） ……… 300

**3-11**　共同株式移転
　　　業界再編の王道、持株会社設立によるグループ化 ……… 308

## 凡　例

| 略称 | 正式名 |
|---|---|
| 民 | 民法 |
| 会 | 会社法 |
| 会規 | 会社法施行規則 |
| 会計規 | 会社計算規則 |
| 国徴法 | 国税徴収法 |
| 法法 | 法人税法 |
| 法令 | 法人税法施行令 |
| 法規 | 法人税法施行規則 |
| 法基通 | 法人税基本通達 |
| 所法 | 所得税法 |
| 所令 | 所得税法施行令 |
| 所基通 | 所得税基本通達 |
| 相法 | 相続税法 |
| 相基通 | 相続税法基本通達 |
| 評基通 | 財産評価基本通達 |
| 消法 | 消費税法 |
| 消令 | 消費税法施行令 |
| 消基通 | 消費税法基本通達 |
| 地法法 | 地方法人税法 |
| 措法 | 租税特別措置法 |
| 措令 | 租税特別措置法施行令 |
| 措規 | 租税特別措置法施行規則 |
| 措通 | 租税特別措置法関係通達 |
| 地法 | 地方税法 |
| 地令 | 地方税法施行令 |
| 連基通 | 連結納税基本通達 |
| 結合基 | 企業結合に関する会計基準 |
| 分離基 | 事業分離等に関する会計基準 |
| 結合指 | 企業結合会計基準及び事業分離等会計基準に関する適用指針 |
| 自株指 | 自己株式及び準備金の額の減少等に関する会計基準の適用指針 |

**【本書の留意事項】**
1. 原則として平成30年12月31日現在の法令・税制等に基づいて記載しています。（平成31年度税制改正大綱反映済）今後、法令・税制等は変更となる可能性があります。
2. わかりやすさを優先したために、一部省略・簡略した表現を用いています。
3. 個別具体的な法令・税制等の適用については、弁護士・司法書士・公認会計士・税理士・社会保険労務士などの専門家にご相談ください。
4. 意見に当たる部分は著者個人の見解です。

# 第一章

M&A・組織再編手法の概要

## ツールとしてのM&A

## 1-1-序 | 全体像

**point**
・M&A＝経営ツールとして捉え、その機能を知ることが重要
・主要なM&A手法の機能は「ぶらさげる」「切り出す」「くっつける」
・実現したい形を見据えてM&A手法を選ぶ感覚を身に付ける

### 全体像

**1. ぶらさげる**

例）株式譲渡、株式交換　など

**2. 切り出す**

例）事業譲渡、会社分割　など

**3. くっつける**

例）合併　など

## 1. M&A＝理想の経営を実現するためのツール

　「M&A」という言葉から皆様がイメージするのはどのようなことでしょうか。ニュースや企業のIRコミュニケーションなど、M&Aに関する話題が目に入らない日はないといってもいいような状況が続いています。このように、昨今ではM&Aが企業の課題解決や成長戦略を実現する手法のひとつとして欠かせないものになっています。一方で、M&Aはその実行にあたっては複雑で扱いにくいものであるという印象をお持ちの方も少なからずいらっしゃると思います。数多くのM&A手法があり、法務・会計・税務などの論点が絡み合っていることから、相応の専門知識が無ければ適切に使いこなせないようなイメージがあるのでしょう。

　少し視点を変えてみると、「M&Aは理想の経営を実現するためのツール」といえます。経営判断のひとつに「選択と集中」がありますが、シナジーのある事業の取り込みやノンコア事業の切り出しといった選択肢についてM&Aを活用して実現することが可能です。

　主要なM&A手法はそれぞれ「ぶらさげる」「切り出す」「くっつける」といった機能に分けることができます。M&A手法を分類する考え方にはいろいろな切り口がありますが、本書ではM&Aを経営ツールと捉え「どのような効果を得たいのか」「どのような出来上がりを実現したいのか」といった観点を軸に置いています。M&A関連書籍では条文構成の順序に添って「合併」から始まる形で体系的に手法の解説を行っているものが多くありますが、本書においては敢えてM&Aの「機能」に着目したうえで、使用頻度が高いものから順に主要なM&A手法を解説する構成を採用しています。

　実現したい形を見据えて手法を選ぶことができれば、M&Aは一定の経済的効果の実現・利害関係者との関係の整理・法的なリスクの排除など様々な経営課題を解決するツールになり得るのです。

　本書では前述のような観点から、M&Aというツールの特徴を整理しつつその使いこなし方をひとつずつ紐解いていきます。

## 2. 組織再編

　主要なM&A手法の中に「組織再編」というカテゴリーに属するものがあります。M&A手法は、組織再編と呼ばれる手法とそれ以外の手法に分けることができます。原則として、M&A手法は会社法の定義・手続に基づいて実行することになります。組織再編とは、それらの手法のうち、法人税法の組織再編税制にその定義と課税上の取扱いが定められているものをいいます。組織再編の手法とそれ以外の手法の特徴について比較してみます。

|  | 手法のうち主なもの | 課税関係 |
| --- | --- | --- |
| 組織再編税制の規定があるM&A手法 | 合併、会社分割、株式交換、株式移転、現物出資、現物分配、株式併合、株式等売渡請求 | 原則は時価移転<br>→譲渡（評価）損益があれば課税関係が生じる。<br>一定の要件（税制適格要件）を満たすと簿価移転<br>→課税関係が生じない。 |
| 上記以外のM&A手法 | 株式譲渡、事業譲渡 | 時価移転→譲渡損益があれば課税関係が生じる。 |

## 3. M&Aと課税

　M&A手法を実行する際には、原則として何らかの経済的価値が交換されます。たとえば、ある会社の株式を取得して100％子会社にする、という取引を考えてみます。親会社となるA社は、子会社となるB社の株式を取得する対価としてB社株主に金銭等を支払うことになります。このような取引を実行した場合に経済的価値が交換され何らかの価値の移転と含み損益の実現が生じます。このケースでは、一般的にはB社株主側に株式譲渡益が生じ、その益に対して税金がかかります。

　これに対し、組織再編と呼ばれる手法では、対価として金銭等ではなく株式を交付する等、その対価の渡し方や実行前後の取引主体の状況など一定の要件を満たした場合には「税制適格要件」を充足し課税が生じません。この要件充足のポイントが「移転資産等に対する支配の継続」です【2−1】。

■ある会社の株式を取得して100％子会社にする

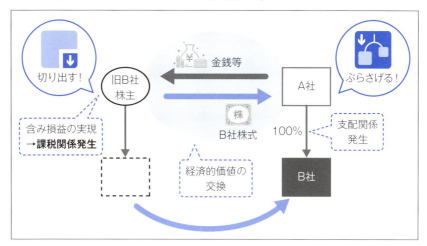

■組織再編（税制適格要件を満たすケース）

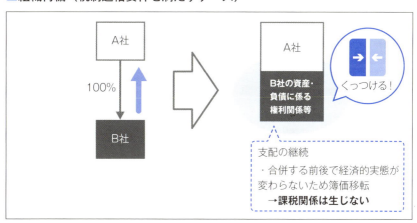

　なお、M&Aは原則として第三者からの投資により実行されるため、「移転資産等に対する支配の継続」が見込まれる場面は多くありません。よって、組織再編を活用するM&Aでは、税制適格要件を満たすことができず取引当事者に何らかの課税が生じる傾向があります。一方で、ここ数年の税制改正において、M&Aに組織再編を用いる場面であっても税制適格要件を満たすことができるケースが出てきました【2－10】。税制の整備の側面からも、組織再編を活用したM&Aの幅が広がってきたといえるでしょう。

## 1-1-1 「ぶらさげる」M&A 概要

**point**
- 会社の法人格に変化を生じさせずに実行可能
- 会社と会社のタテの関係ができる
- 親会社と子会社は別法人のままなので、原則として社内規程等の統合は不要

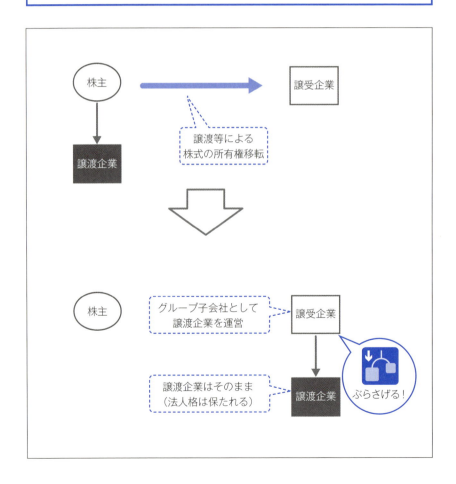

## 1-1-1 「ぶらさげる」M&A 概要

　ある事業を承継したいと考えた場合に、その事業を行っている会社の支配権を獲得して傘下にぶらさげるM&A手法があります。この「ぶらさげる」M&Aにより、原則としてその事業を行う会社の法人格に変化を生じさせず資本関係をもって自分のグループ内に取り込むことができます。会社はいわば箱の形を保ったままの状態であることから、従業員との雇用関係や取引先等との契約関係など社内外の利害関係者との法的な関係に影響が及ぶことが少なく、比較的スムーズなM&Aの実行が可能な手法といえます。

　「ぶらさげる」M&Aにより、親子関係など会社と会社のタテの関係ができます。株式等の出資持分を取得することで親会社・子会社の資本関係による一体化を実現し、親会社は株主として子会社の経営をコントロールしグループの運営を行うことになります。親会社・子会社はそれぞれ別法人として運営されるため、社内規程等についても各々の業務内容や役割に応じたものを採用することが可能です。

　代表的な手法として株式譲渡、株式交換、株式移転があります。

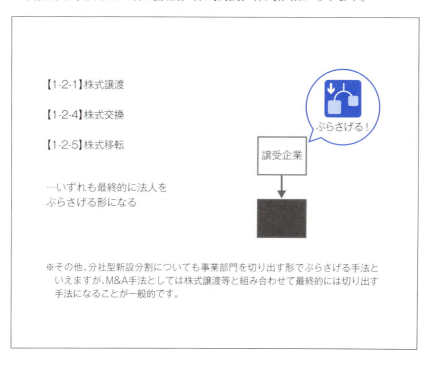

## 1-1-2 「切り出す」M&A 概要

**point**
- 法人格を保ったまま事業のみを移動させることができる
- 移動させる事業の切り出し方は相当程度柔軟に決められる
- 手法の選択により事業にかかる法的な関係を保つor遮断することが可能

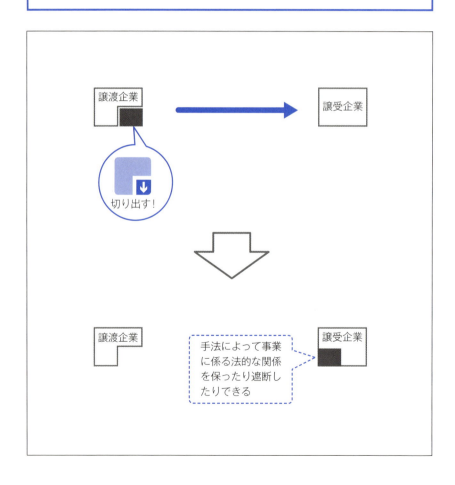

## 1-1-2 「切り出す」M&A 概要

　事業を行う会社が、事業の一部もしくは全部を切り出すM&A手法があります。この「切り出す」M&Aにより、原則としてその切り出し元となる会社の法人格を保ったまま事業のみを移動させることができます。

　「切り出す」M&Aについては、その切り出し方によって対象となる事業と社内外の利害関係者との法的な関係を一定程度保った状態で実行したり、逆に法的な関係を遮断する形で実行したりすることが可能です。これはすなわち、適切な手法の選択によってスムーズな承継を可能にすることや、逆にリスクの遮断を実現することができるということです。また、切り出す法人と切り出される事業の間に資本関係を保ちつつ実行できる手法もあります。切り出す範囲や切り出し方について柔軟に決められるため、使い勝手の良さから実務で多く用いられています。

　代表的な手法として、事業譲渡、会社分割などがあります。また、株式譲渡、株式交換、株式移転も譲渡側の視点で考えれば傘下の会社を切り出す手法といえます。

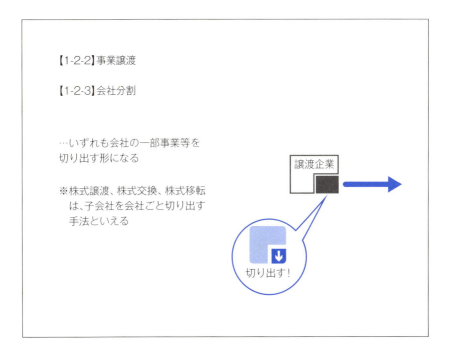

## 1-1-3 「くっつける」M&A 概要

**point**
- 会社の統合や、他の会社が切り出した事業を吸収することが可能
- 会社の統合は企業グループ内の再編で活用されることが多い
- 統合や吸収にあたっては制度や文化の融合にかかる配慮が重要

■2つの会社をひとつに統合するケース

■他の会社が切り出した事業を吸収するケース

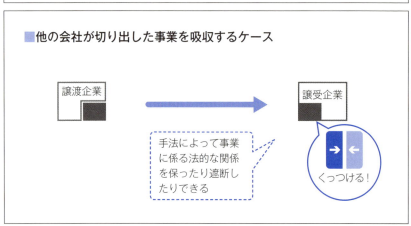

## 1-1-3 「くっつける」M&A 概要

　ある事業を取得したいと考えた場合に、他の会社が営む事業や会社そのものをまるごと統合するM&A手法があります。この「くっつける」M&Aにより、2つ以上の会社を統合してひとつの会社にしたり、他の会社が切り出した事業を自分の会社に吸収したりすることが可能です。

　なお、「くっつける」M&Aの中でも会社をまるごと統合するようなM&A手法は第三者である会社間ではあまり用いられず、グループ内の再編であることがほとんどです。理由として、第三者である会社同士がいきなりひとつの会社になることは企業の制度や文化等の融合の観点から一般的にハードルが高く、社内制度の統合のみならず従業員の心情面を含む弊害が大きいことが挙げられます。

　代表的な手法として、合併があります。また、前述【1－1－2】で切り出された事業を受け入れる譲受側の会社から見れば、事業譲渡や会社分割（吸収分割）なども「くっつける」M&Aといえます。事業を受け入れる場合においても、前述のように制度や文化等の融合にあたり十分な配慮が重要となります。

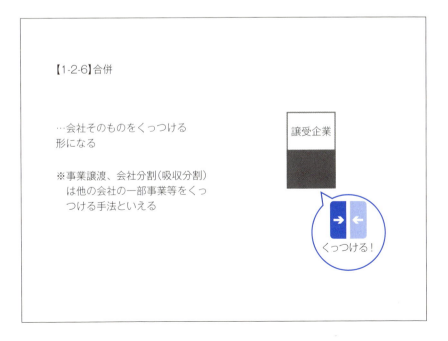

11

## 1-1-4 会計と税務の違い

**point**
・会計と税務はコンセプトが違う
・M&Aの会計は「取得」か「投資の継続」かがポイント
・M&Aの税務は「税制適格要件」を満たすかどうかがポイント

### 1. 会計と税務　コンセプトの違い

　会計の目的は株主や債権者などに対して経営成績や財政状態を正しく報告することですが、税務の目的は税金の徴収確保のために公平な課税を実現することです。よって、同じ事象を捉えたとしても、会計と税務でその判断基準・処理方法や表現が異なることがあります。M&Aにおける会計と税務についても、それぞれの違いを明確にして理解することが重要です。

### 2. M&Aにかかる会計の概要

　中小企業においては上場会社と異なり利害関係者が限られており財務諸表監査が義務付けられていないため、一般的に税務会計と呼ばれる会計処理を行っていることが多いと思われます。会計処理を税務処理と同様のものとして行っても、税務申告上は特段の問題がないためです。しかしM&Aにおいては、譲受側が上場企業やその子会社の場合、M&A後は企業会計基準等に従った厳密な会計処理が求められることから、実行時に適用される会計基準にかかる理解が必要となります。

　M&A手法の会計処理について適用される会計基準は次の2つ（およびその適用指針）です。

## （1）企業結合会計基準

　　　→「くっつける」「ぶらさげる」M&Aの局面に関する会計基準

　事業をひとつの報告単位に統合する企業結合が生じた場合に、その会計処理を定めている会計基準です。企業結合が取得と判定されるときは時価引継ぎ、共通支配下・共同支配企業と判定されるときは簿価引継ぎとなります。

　なお、単体決算（個別財務諸表）と連結決算（連結財務諸表）で取扱いが異なる点が生じることがあり、あわせて留意が必要です。

## （2）事業分離等会計基準

　　　→「切り出す」M&Aの局面に関する会計基準

　ある企業を構成する事業の他企業への移転が生じた場合に、その会計処理を定めている会計基準です。事業の分離・移転に伴う対価の種類により、投資が継続していると考えられる場合はその移転にかかる損益を認識せず簿価引継ぎとなります。投資が継続していない＝投資が清算されたと考えられる場合は、その移転にかかる損益を認識します。

# 3．M&Aにかかる税務の概要

## （1）譲渡側

　M&Aの実行により切出対象事業にかかる資産・負債と引き換えに対価を受け取った際に、当該資産・負債に含み損益があれば（簿価と時価に差額があれば）譲渡側において課税関係が生じます。

　一方で、組織再編税制に該当するM&A手法を用いた場合、税制適格要件を満たしていれば簿価移転となり譲渡側の法人に課税関係が生じません（課税の繰り延べ）。税制適格要件を満たすことで、「移転資産等に対する支配の継続」が見込まれるためです【2-1】。

## （2）譲受側

　原則、引き継ぐ対象事業にかかる資産・負債を時価で受け入れます。

　一方で、組織再編税制に該当するM&A手法を用いた場合、税制適格要件を満たしていれば、引き継ぐ対象事業にかかる資産・負債を簿価で受け入れることになります。

# 4．会計と税務の違い　設例：100％親子会社の合併

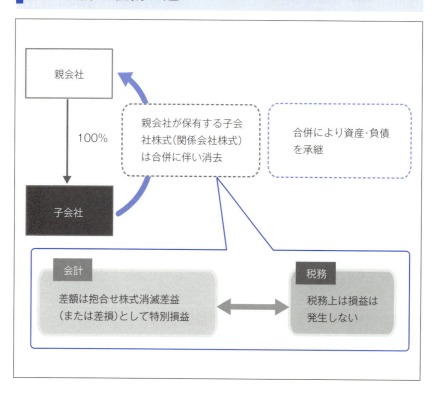

　親会社が、もともと100％出資で設立した子会社を自社へ吸収合併した場合は、親会社での会計上の合併仕訳は次のとおりです。

(例1)引き継ぐ資産100、引き継ぐ負債20、関係会社株式10

| 借方 | 金額 | 貸方 | 金額 |
|---|---|---|---|
| 資産 | 100 | 負債 | 20 |
|  |  | 関係会社株式 | 10 |
|  |  | 抱合せ株式消滅差益 | 70 |

(例2)引き継ぐ資産100、引き継ぐ負債110、関係会社株式10

| 借方 | 金額 | 貸方 | 金額 |
|---|---|---|---|
| 資産 | 100 | 負債 | 110 |
| 抱合せ株式消滅差損 | 20 | 関係会社株式 | 10 |

「抱合せ株式消滅差益」は特別利益、「抱合せ株式消滅差損」は特別損失で処理されます。

一方で、税務上は、親会社とその100％子会社との合併は常に適格合併となり、親会社にも子会社にも損益を発生させないため、会計上の特別損益を税務上の別表調整で取り消す形となります。

これはあくまで一例ですが、会計上と税務上の取扱いで大きな違いがあるケースがあるため、留意が必要です。

## 1-2-1 株式譲渡

**point**
- 「切り出す」「ぶらさげる」を実現
- M&A手法の中で手続が最も簡便かつ譲渡側は手取りが有利になる傾向あり
- 消費税・流通税の影響が最も少ない

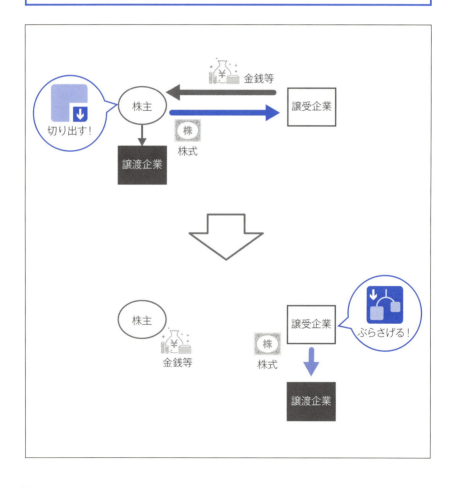

## 1．譲渡側の視点　株式保有により支配している会社を「切り出す」

　株主が、その保有する株式を譲渡することにより会社（株主が法人の場合は子会社）を「切り出す」M&A手法が株式譲渡です。M&A手法の中で手続が最も簡便であり、切り出しの対象となる会社自体がそのままの状態である（法人格が維持される）ことから、M&A実行による会社自体への影響が比較的少ない手法として多く用いられています。

　また、株主が個人の場合、所得税・住民税あわせて20.315%の固定税率で分離課税となる点は大きなメリットであるといえます。このように、個人株主に対しても固定税率が適用され、比較的シンプルな手続でM&A対価が直接入ることから、譲渡側の手取りを最大化できるケースが多く生じます。中小企業オーナーの事業承継型M&Aをはじめ、M&Aの様々な場面において高い頻度で採用される傾向があります。

## 2．譲受側の視点　子会社として「ぶらさげる」

　譲受企業から見た場合、株式譲渡は切り出された会社（以下「譲渡企業」）の支配権を獲得して傘下に「ぶらさげる」M&A手法といえます。株式譲渡により、譲渡企業の法人格に変化を生じさせず資本関係により譲受企業のグループ内に取り込むことになります。チェンジ・オブ・コントロール条項※が付されている契約を除き、原則として従業員との雇用関係や取引先等との契約関係など社内外の利害関係者との法的な関係や取得している許認可に影響が及ぶことがないため、比較的スムーズな実行が可能といえます。

※　事業承継やM&Aなど、譲渡企業の経営権の異動があった場合に、その譲渡企業が第三者と締結している契約の内容に一定の制限がかかる条項のことです。Change Of Controlを略してCOCと呼ぶこともあります。取引基本契約、フランチャイズ契約や賃貸借契約等の中に、条項のひとつとして含まれていることがあります。契約を一方的に解除可能といった強いトーンのものから、単なる通知義務にとどめるソフトなものまで様々です。

一方で、譲渡企業の保有資産・負債のうち不要なものがあったとしても事前の資産整理等を行わない限りそのまま引き継ぐこととなります。この場合は資産の買取りや役員退職金の現物支給による切離し、会社分割を組み合わせる等の対応を取ります。その他、簿外債務などのリスクも引き継ぐことになる点に留意が必要です。

　M&A手法として株式譲渡を採用した場合、譲受企業にとっては出資割合も重要なポイントとなります。経営戦略に応じた出資を行うことになりますが、一般的にM&Aにおいては議決権の3分の2以上となるようなマジョリティ出資を行うケースが多く、中小企業の事業承継型M&Aでは全株式の一括取得がほとんどです。譲受企業は親会社として、グループ傘下の子会社となる譲渡企業をコントロールして一体経営を行うことになります。

## 3．手続

　株式譲渡の手続は【2-3】のフローチャートのとおりです。主要なM&A手法の中では手続が最もシンプルといえます。

### （1）株式の確認など

　株式譲渡の対象物は株式となるため、その確認は最も重要な手続となります。株券不発行会社であれば、株主名簿等に基づいて株式の異動につき適正な手続を経ているか等の確認を行います。このような確認を経たうえで、株式譲渡の実行日において株主名簿への記載等が行われます（会128、130）。

### （2）契約締結と譲渡

　株式譲渡は手続が比較的簡便であることから、契約締結と譲渡を同日に設定して効力発生とすることも可能です。ただし、譲渡までの間に当事者間で何らかのイベント実行義務（クロージング条件）が課されている場合、一定の時間を取って当該義務を履行したうえで譲渡を行い効力発生となります。

### （3）法人株主の場合

　株主が法人の場合、具体的には親会社が子会社を売却するケースについては注意が必要です。当該子会社が重要な子会社に該当する等の一定の要件を満たす場合、株主総会の特別決議等の手続が必要です。

これは平成26年の会社法改正で導入されたもので、改正前は子会社株式の譲渡＝財産の処分とされていたのが、一定の子会社株式譲渡については実質的に事業譲渡と同様の重要性があるとして厳密な手続が要求されることとなったものです。譲渡対象株式等の帳簿価額が親会社総資産の5分の1を超え、当該譲渡の結果その効力発生日において子会社の議決権の過半数を有しないこととなった場合に該当します（会467①二の二）。

## 4．その他論点（諸税等）

### （1）消費税

株式譲渡は消費税の非課税取引として取り扱われるため、消費税は課税されません。個人株主が株式を譲渡する場合には、個人事業を営んでいない限りは特段の影響がないものと考えて差し支えありません。一方、法人株主が株式を譲渡する場合、非課税取引は課税売上割合に影響を及ぼす点に留意が必要です。ただし、課税売上割合の計算において、株式譲渡代金の5％相当額のみを含めることになっており相応の政策的な配慮がなされています（消法6、別表第1二、消令48⑤）。

### （2）印紙税

株式譲渡契約書は印紙税非課税です。株券受取書については金額の記載がないものについては一律で200円ですが個人の受取書については非課税となります。株式譲渡対価受取書については対価の額に関わらず一律で200円ですが5万円未満の受取書や個人の受取書については非課税となります（印紙税法別表第一）。

### （3）登録免許税など

株式譲渡は対象となる会社の株主に異動が生じるだけで会社自体の状態をそのまま保つ（法人格が維持される）ため、その会社の資本金や保有する不動産にかかる登録免許税や不動産取得税（以下、2つをまとめて「流通税」という）については課税されません【2－6】。

前述のように、株式譲渡はその取引において生じる消費税・流通税の影響が最も少ないM&A手法のひとつといえます。

## 5. 会計処理、課税関係イメージ（会計と税務の比較）

### 前提

・譲渡企業株主は個人株主
・税務上の株式の取得価額：10
・譲渡企業の純資産：80
・株式譲渡対価：200
・譲渡企業株主および譲受企業がM&Aアドバイザーに支払う手数料：それぞれ30

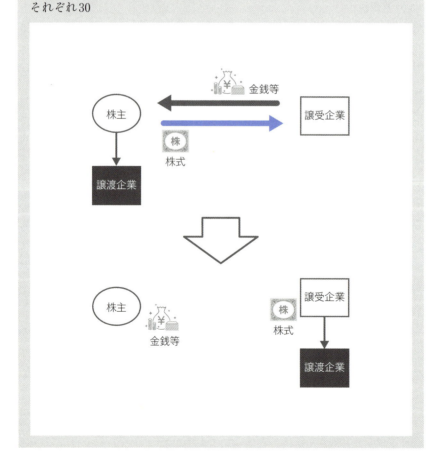

## 会計

### 1．譲渡企業株主

| 借方 | 金額 | 貸方 | 金額 |
|---|---|---|---|
| 現金預金 | 200 | 譲渡企業株式 | 10 |
|  |  | 譲渡益 | 190 |
| 株式売却関連費用 | 30 | 現金預金 | 30 |

### 2．譲渡企業

譲渡企業株主と譲受企業との取引のため仕訳は生じません。

### 3．譲受企業

| 借方 | 金額 | 貸方 | 金額 |
|---|---|---|---|
| 子会社株式 | 200 | 現金預金 | 200 |
| 子会社株式※ | 30 | 現金預金 | 30 |

※ 単体会計上、株式取得に要した費用30は子会社株式として資産計上します。

(参考) 連結上の会計処理

| 借方 | 金額 | 貸方 | 金額 |
|---|---|---|---|
| 純資産 | 80 | 子会社株式 | 230 |
| 株式取得関連費用 | 30 |  |  |
| のれん | 120 |  |  |

連結会計上、株式取得に要した費用30はその期の費用として「販売費及び一般管理費」に計上します。

また、株式譲渡対価 (200) と純資産 (80) との差額は、のれんとして資産に計上し、20年以内のその効果の及ぶ期間にわたって、定額法その他の合理的な方法により規則的に償却します (結合基32)【2－2】。

のれん償却の仕訳 (償却年数が5年の場合)

| 借方 | 金額 | 貸方 | 金額 |
|---|---|---|---|
| のれん償却費 | 24 | のれん | 24 |

## 税務

### 1．譲渡企業株主

| 借方 | 金額 | 貸方 | 金額 |
|---|---|---|---|
| 現金預金 | 200 | 譲渡企業株式 | 10 |
|  |  | 譲渡益 | 190 |
| 株式売却関連費用 | 30 | 現金預金 | 30 |

株式譲渡所得に対して約20％の税金（所得税・住民税）が発生します。（厳密には20.315％ですが、ここでは簡便化のため20％として計算します）

① 株式譲渡価額：200
② 経費の額
・取得価額：10
・株式譲渡に要した費用：30　　経費合計：40
③ 株式譲渡所得：200 － 40 ＝ 160
④ 税金
　所得税：160 × 15％ ＝ 24
　住民税：160 ×  5％ ＝  8　　合計：32
⑤ 手取り：200 － 30 － 32 ＝ 138

### 2．譲渡企業

譲渡企業株主と譲受企業との取引のため課税関係は生じません。

### 3．譲受企業

課税関係は生じません。

| 借方 | 金額 | 貸方 | 金額 |
|---|---|---|---|
| 子会社株式 | 200 | 現預金 | 200 |
| 子会社株式※ | 30 | 現預金 | 30 |

※　株式取得に要した費用30は、税務上も子会社株式の取得原価に含めます。

なお、連結上ののれんの償却費は、連結会計上で発生する費用のため、譲受企業において損金算入することはできません。

1-2-1　株式譲渡

> **関連論点**　株主の分散

（1）少数株主

オーナー一族以外の少数株主（従業員、遠い親戚など）が多数いる場合には、譲受企業へ譲渡しやすくするため、オーナーまたは譲渡企業が事前に少数株主から株式の取りまとめを行うケースがあります。

（2）所在不明株主

5年間株主総会招集通知等が届かず、かつ、5年間配当金受取りもしていない株主は所在不明株主となり、公告など一定の手続を経ることで、所在不明株主の保有株を譲渡できます。

（3）従業員持株会

① M&A時の取扱い

従業員持株会の保有株が議決権のない株式である場合は、譲渡対象とせずそのままの状態とすることも一案ですが、議決権のある株式である場合は、譲渡企業や譲受企業へ譲渡されることになります。

② 共有物

従業員持株会の保有株は持株会会員の共有物となっているため、持株会会員のうち1人でも反対すると、持株会の保有株は1株も譲渡できません。

③ 譲渡方法

持株会会員の全員から同意書を取得する等の方法で譲渡します。

（4）反対株主

M&Aに反対する株主がいる場合には、実務的には、まずは、何とか交渉により譲渡してもらう対応を行い、どうしても難しい場合には、90％以上の株式を譲受企業に譲渡した後に株式売渡請求手続による強制買取り等も考えられます。

（5）株式譲渡以外のスキームへ

100％株式譲渡することが難しい案件では、事業譲渡や会社分割など他のスキームで譲渡することも一案です。いずれも、原則として株主総会の特別決議（議決権の過半数が出席し、その3分の2以上の賛成）が必要であるため、3分の2以上の議決権があれば可能です。

# 1-2-2 事業譲渡

**point**
- 「切り出す」「くっつける」を実現
- 個別承継で一定のリスク排除が可能
- 消費税や流通税のインパクトに注意が必要

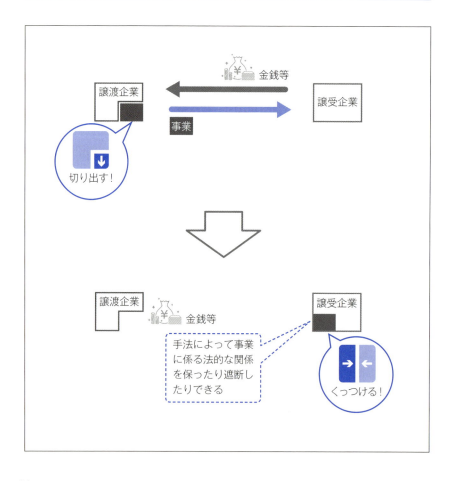

## 1. 譲渡企業側の視点 「個別承継で」「切り出す」

　事業を運営している法人が、そのうちの一部もしくは全部の事業を切り出すM&A手法のひとつが事業譲渡です。その効果「切り出す」は後述の会社分割と同様であるといえます。事業譲渡と会社分割は、その長所と短所が表と裏のような関係になっていることから、M&A実務でも「切り出す」手法として比較検討プロセスを経て頻繁に採用されます。

　事業譲渡は、商品・製品や所有している資産を譲渡するのと同様の法的な効果が生じるイメージです。商品などを販売するのと同様に、事業にかかる譲渡対象資産等を特定して譲渡し、その対価として現金等の経済的価値のあるものを受け取ります。このときに含み損益があれば（簿価と時価に差額があれば）課税が生じます。事業譲渡による切り出しは「個別承継」となり、承継したい資産・負債・契約関係を個別に特定、すなわち譲受企業側と同意したものだけを切り出す形になります。この切り出し対象となる契約関係には、得意先・仕入先などの外部との契約だけではなく従業員との雇用契約なども含まれます。事業譲渡においては、特にこの雇用関係の切り出し・引継ぎが重要なポイントになります。

## 2. 譲受企業側の視点 「個別承継で」「くっつける」

### (1) 概要など

　譲受企業から見た場合、事業譲渡は「くっつける」M&A手法のひとつということになります。事業譲渡により、譲受企業は事業を法人内部に取り込んで一事業部門として運営します。前述のとおり、事業譲渡による切り出しは「個別承継」となり、承継したい資産・負債・契約関係を個別に特定、すなわち譲渡企業と合意したもの・必要なものだけを引き継ぐ形になります。言い方を変えれば、切り出し対象となる事業と意図しない第三者との関係を遮断する形で実行するM&A手法といえます。一定のリスク排除が可能である反面、個別の契約関係等の巻き直し・地位の承継や許認可の再取得等を行う必要があるため、手続は相応に煩雑になることが一般的です。

### （2）税務上の取扱い

　譲受企業においては、引き継ぐ対象事業にかかる資産・負債をその時価で受け入れます。その際、引き継ぐ対象事業にかかる資産・負債の時価とその支払う対価に差額がある場合に、譲受企業側に税務上ののれん（正ののれん＝資産調整勘定、負ののれん＝差額負債調整勘定。【２－２】）が計上されることがあります。税務上ののれんは課税所得にインパクトが生じる形で償却を行うため、状況により税務上のメリット・デメリットが生じます。

## 3.「事業」とは？

　会社法の「事業」「事業譲渡」の定義は、旧商法における「営業」「営業譲渡」についての定義と同じであるとされています。旧商法において、営業譲渡とは「一定の営業目的のために組織化され、有機的一体として機能する財産の全部または重要な一部を譲渡し、これによって、譲渡会社がその財産によって営んでいた営業的活動の全部または重要な一部を譲受人に受け継がせ、譲渡会社がその譲渡の限度に応じ法律上当然に～競業避止義務を負う結果を伴うものをいう」としている判例があります（最大判昭40.9.22民集19巻6号1600頁）。

　上記要件を満たす場合に株主総会決議等の手続が必要となる事業譲渡に該当し、単なる事業用資産の譲渡は事業譲渡に該当しないということになります。

## 4．詐害的事業譲渡

　過去にいわゆる詐害的な会社分割が多数行われ社会問題化したことがありました【１－２－３の3】。このような状況に対し平成26年会社法改正により、意図的に詐害的な会社分割が行われた場合には、いわゆる残存債権者の権利が一定程度守られることになりました。あわせて、詐害的な事業譲渡が行われた場合の残存債権者の権利を守る規定も設けられています。譲渡企業が、譲受企業に承継されない債務にかかる債権者（残存債権者）を害するこ

とを知って事業譲渡を行った場合、その残存債権者は譲受企業に対して一定の債務の履行を請求できることになっています（会23の2）。

## 5. 手続

事業譲渡の手続は【2－3】のフローチャートのとおりです。
### （1）概要
　事業譲渡の手続は、株式譲渡と比べて契約締結から効力発生までの期間が長くなることが一般的です。会社法で要求される諸手続のうちスケジュールに影響を及ぼすのは反対株主の株式買取請求権にかかる対応（効力発生日の20日前までに通知が必要。（2）参照）ですが、その他に対象事業に関する契約関係等を個別に引き継ぐ手続が必要となるためです。これら一連の手続が完了したところで、事業譲渡契約の中で定めた効力発生日にその効力が生じることとなります。

### （2）反対株主の株式買取請求
　事業譲渡は、株主の権利を保護するための手続が定められています。事業譲渡に反対する株主がいる場合、その株主は会社に対して保有する株式の買取請求を行うことができます。株主総会決議が必要となる場合（（3）参照）、効力発生日の20日前までに株主に対する通知を行うことが要求されます。反対株主は、効力発生日の20日前から効力発生日の前日までの間に買取請求手続を行うことが必要です（会469）。

### （3）株主総会特別決議
　実行する事業譲渡が次のいずれかに該当する場合は、株主総会の特別決議が必要となります。
- 譲渡企業側：事業の全部の譲渡、事業の重要な一部の譲渡
- 譲受企業側：事業の全部の譲受け

譲渡企業が中小零細企業で譲受企業にとって小規模なものであったとしても、その事業の全部の譲渡に該当するときは原則として譲受企業側で株主総会の特別決議が必要になります。

## (4) 株主総会を要しないケース

### ① 簡易事業譲渡

譲渡企業側では、事業の重要な一部の譲渡に該当するかどうかの判断が気になるところです。この点については、譲渡する資産の帳簿価額が譲渡企業の総資産の5分の1を超えない場合は重要な一部の譲渡に該当しないとされています。この場合、株式総会の特別決議および反対株主の株式買取請求権は生じません（会467、469）。

### ② 簡易事業譲受け

事業譲渡の対価が譲受企業の純資産の5分の1を超えない場合は簡易事業譲受けに該当し、譲受企業は株主総会の特別決議が不要となります。簡易に該当する場合においては、反対株主の株式買取請求権は生じません（会468②、469）。

### ③ 略式事業譲渡

事業譲渡を行う当事者となる会社の間に議決権の90％以上を保有される関係がある場合は略式事業譲渡等に該当し、支配されている側の会社については株主総会の特別決議が不要です。親子関係の子会社側では株主総会の承認が確実であるため、株主総会決議を要しないということになります（会468①）。

ただし、M&A手法として事業譲渡を実行するケースにおいては、略式の要件を満たす状況はほとんど生じないと思われます。

## (5) 従業員の雇用関係の引継ぎ

### ① 雇用契約の個別承継

前述（1）には従業員の引継ぎにかかる手続も含まれます。事業譲渡において、従業員の引継ぎにかかる手続は最も重要な論点のひとつといえます。従業員がその事業における競争力の源泉と考えれば、キーマンを中心に円滑な引継ぎを行うことが事業譲渡の成功を左右すると言っても過言ではありません。

事業譲渡においては雇用関係も個別承継となります。事業譲渡の実行により、対象事業に従事する従業員は、譲渡企業を退職し譲受企業に改めて入社する、という雇用関係締結先変更の手続を踏むこととなります。これら一連

のプロセスにおける従業員の感情面を考えると、大変な不安感を覚えるのではないかと想像されます。そこで、実務上は従業員の心情に配慮して、このような法的な関係が前面に出ないように「転籍承諾書」といったタイトルの書面で雇用関係の引継ぎに関する取り決めを行うことが一般的です。当該書面の内容は実質的に退職＋再雇用に関する契約となるわけですが、法的な要件を満たしつつ可能な限りソフトな表現を心がけることで従業員の動揺を和らげることにつながります。あわせて、一定期間の給与水準保証や有給休暇等を含む処遇の引継ぎなど、可能な範囲で配慮すべきと考えます。

② 退職金

　従業員の退職金については、前述のとおり譲渡企業をいったん退職となることから事業譲渡の実行のタイミングで譲渡企業から支給するのが一般的です。一方で、譲渡企業に十分なキャッシュがないケースや、退職金受領により従業員の気持ちの区切りが付いてしまい譲受企業との再雇用に応じないような事態を可能な限り抑えたいケースなど、退職金を支払わないことが望ましいような状況においては譲受企業に引き継ぐことも行われています。

　このように、事業譲渡における従業員引継ぎの手続は細心の注意を以って臨む必要があります。円滑な承継のためには、細かい部分の対応ひとつひとつまで誠実な姿勢で取り組むことが重要です。

## 6．消費税

### （1）消費税がかかる

　前述のとおり、事業譲渡は資産の譲渡と同様の取扱いとなり、移動対象資産のうち消費税の課税対象となるものがあれば消費税が課税されます。M&A手法の中で、手法そのものにかかる消費税の課税について考慮が必要なのは事業譲渡と現物出資のみであり、事業譲渡の特徴的な面のひとつといえます。なお、事業譲渡の対象資産は資産だけでなく負債が含まれるケースが多く生じますが、消費税については負債部分を加味せず資産の譲渡対価（時価）をベースに計算することとなります。

主な資産にかかる消費税の課税・非課税については次の表のとおりです。営業権は無形固定資産として消費税の課税対象となる等、特徴的な取扱いが含まれています。

■事業譲渡　主な譲渡対象資産と消費税

| 消費税課税 | 消費税非課税 |
| --- | --- |
| 棚卸資産 | 金銭債権 |
| 前払費用※ | 土地 |
| 有形固定資産（土地以外） | 有価証券 |
| 無形固定資産（営業権含む） | 敷金、保証金 |
| 建設仮勘定※ | |
| ゴルフ会員権 | |

※　対象法人が課税仕入れとして取り扱っていないものは消費税不課税

### （2）留意点

　事業譲渡にかかる消費税は予想以上に多額になることがあり、特に譲受企業にとって資金調達に影響を及ぼす要素となるため、事前の試算等による確認が重要です。譲受企業は事業譲渡にかかる消費税について消費税申告時に仕入税額控除で取り戻すことが可能ですが、医療・介護・不動産など課税売上割合が低い業種の場合は十分な控除が取れない点につき注意が必要です。

## 7．その他論点（諸税等）

### （1）印紙税

　事業譲渡では印紙税の課税が相応に生じることになります。事業譲渡契約書は一号文書に該当し、譲渡金額に応じて印紙税が課税されます。事業譲渡対価の受取書は十七号の一文書に該当し、こちらも受取金額に応じて印紙税が課税されます。例えば事業譲渡対価が2億円（消費税抜きの額）の場合、事業譲渡契約書の印紙税は10万円、事業譲渡対価の受取書の印紙税は4万円となります。事業譲渡対価が大きくなるほど印紙税が高額になるため留意が必要です（印紙税法別表第一）。

## （2）登録免許税など

事業譲渡の対象となる資産に不動産が含まれている場合、所有権移転登記にかかる登録免許税と不動産取得税が課税されます【2-6】。

① 登録免許税

固定資産税評価額の2％（土地の売買と異なり、事業譲渡の場合は本則適用となります）

② 不動産取得税

固定資産税評価額の4％（住宅・土地は平成33年3月まで3％に減免。さらに宅地については課税標準が2分の1となる特例あり）

事業譲渡は株式譲渡と対照的に、その取引において生じる消費税・流通税の影響が最も大きいM&A手法のひとつです。

### 関連論点　印紙税

M&Aにおける主な契約書関係の印紙税の課税の有無は次のとおりです。

（1）印紙不要

株式譲渡契約書、株式交換契約書、株式移転計画書

（2）印紙必要

① 事業譲渡契約書

1号文書。記載金額に応じて課税。

② 吸収分割契約書、新設分割計画書、合併契約書

5号文書。1通あたり4万円。

③ 事業譲渡や吸収分割の基本合意書

それぞれ前述①、②に該当し、印紙税が課税される可能性は高いと考えられます。

④ 事業譲渡や吸収分割の際、譲渡企業が譲渡代金受領時に発行する領収書

17号文書（1）。記載金額5万円以上の場合は、記載金額に応じて課税。

## 8. 会計処理、課税関係イメージ

### 前提

・譲渡企業（A社）の営むa事業を、第三者である譲受企業（B社）に対し事業譲渡します。
・譲渡企業（A社）におけるa事業の資産・負債の内容
　a事業諸資産300（時価400）（いずれの金額も消費税抜き。うち、消費税課税対象100（時価120））、a事業諸負債80(時価80)
・a事業の譲渡価額（消費税抜き）500（現金対価）
・事業譲渡にかかる諸手数料は考慮しません。

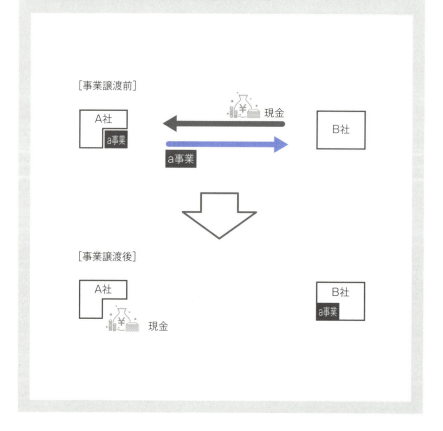

## 会計

### 1．譲渡企業（A社）

| 借方 | 金額 | 貸方 | 金額 |
|---|---|---|---|
| a事業諸負債 | 80 | a事業諸資産 | 300 |
| 現金預金[※1] | 524 | 事業譲渡益 | 280 |
|  |  | 仮受消費税[※2] | 24 |

譲渡対象資産・負債の簿価を減少させ、譲渡対価との差額は、譲渡損益として認識します（結合指96）。

[※1] a事業の譲渡価額（500（消費税抜き））と仮受消費税（24）の合算額となります。

[※2] a事業諸資産のうち消費税課税対象資産の譲渡価額（120）と、のれん（180（次の2．参照））の合算額（300）に消費税率8％を乗じ算出しています。

### 2．譲受企業（B社）

| 借方 | 金額 | 貸方 | 金額 |
|---|---|---|---|
| a事業諸資産 | 400 | a事業諸負債 | 80 |
| のれん | 180 | 現金預金 | 524 |
| 仮払消費税 | 24 |  |  |

取得原価は、譲り受けた資産および負債の譲受時点の時価を基礎として認識します（結合指36,44）。

取得原価（500）と取得原価の配分額（400－80＝320）との差額は、のれんとして資産に計上し、20年以内のその効果の及ぶ期間にわたって、定額法その他の合理的な方法により規則的に償却します（結合基28～32、結合指51）【2－2】。

のれん償却の仕訳（償却年数が10年の場合）

| 借方 | 金額 | 貸方 | 金額 |
|---|---|---|---|
| のれん償却費 | 18 | のれん | 18 |

### 3．譲渡企業（A社）株主および譲受企業（B社）株主

譲渡企業と譲受企業との取引のため仕訳は生じません。

## 税務

### 1．譲渡企業（A社）

| 借方 | 金額 | 貸方 | 金額 |
|---|---|---|---|
| a事業諸負債 | 80 | a事業諸資産 | 300 |
| 現金預金[※1] | 524 | 譲渡益 | 280 |
|  |  | 仮受消費税[※2] | 24 |

　事業譲渡時に譲渡企業において、移転資産または負債にかかる譲渡損益を認識します。

[※1、2] 会計1．※1、2参照。

### 2．譲受企業（B社）

　課税関係は生じません。

| 借方 | 金額 | 貸方 | 金額 |
|---|---|---|---|
| a事業諸資産 | 400 | a事業諸負債 | 80 |
| 資産調整勘定 | 180 | 現金預金 | 524 |
| 仮払消費税 | 24 |  |  |

　事業譲渡では、資産および負債は譲渡企業から時価で引き継ぎます。

　支払対価の額（500）のうち、譲渡企業から移転を受けた時価純資産価額（400 － 80 ＝320）を超える部分については、税務上ののれんである資産調整勘定として計上し、会計処理にかかわらず、60ヵ月で償却し損金算入することになります（法法62の8①④、法令123の10）【2－2】。

### 3．譲渡企業（A社）株主および譲受企業（B社）株主

　譲渡企業と譲受企業との取引のため課税関係は生じません。

## 1-2-2 事業譲渡

**関連論点** 事業譲渡諸費用の税務上の取扱い

| 負担者 | 支出内容 | 税務上の取扱い |
|---|---|---|
| 譲渡企業 | 着手金<br>（案件化料・企業評価料） | 損金算入 |
| | 仲介手数料（成功報酬） | 損金算入 |
| 譲受企業 | 着手金（情報提供料） | 損金算入 |
| | 基本合意報酬（中間報酬） | （案件が成約）承継資産の時価の比で按分<br>※ 欄外の本文に詳細記載<br>（案件が破談）損金算入 |
| | 監査費用 | |
| | 仲介手数料（成功報酬） | 承継資産の時価の比で按分<br>※ 欄外の本文に詳細記載 |

　表内の※の処理は、明確な根拠条文等はないものの、実務的には次の方法が良いと考えられます。

（1）譲受企業の買収の意思決定後に発生する中間報酬や監査費用、成功報酬の合計額を各承継資産（資産調整勘定：税務上の「のれん」を含む）の時価の金額比で按分。

（2）保証金や資産調整勘定など、付随費用を加算する必要のないものへの対応額は損金処理。在庫、土地、償却資産、有価証券などへの対応額は資産計上。

（3）在庫への対応額は在庫管理システムへの反映は難しく、仕訳伝票のみで資産計上するケースが多いと考えられます。実際の売却年度または除却年度で売上原価とすべきですが、実務的には、直近1年〜2年などの在庫の回転期間に応じて、売上原価とする処理も合理的な処理と考えられます。

# 1-2-3 会社分割

**point**
- 「切り出す」「くっつける」を実現
- 包括承継により事業に関する権利義務を移転
- 会社法の手続に一定の時間が必要

■新設分割イメージ図

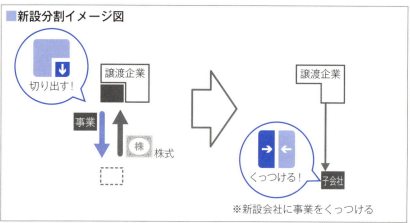

※新設会社に事業をくっつける

■吸収分割イメージ図

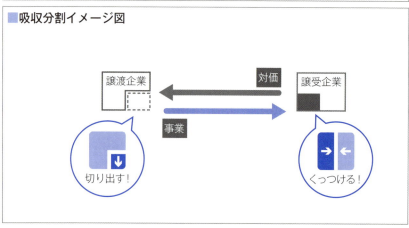

## 1．譲渡側の視点 「包括承継で」「切り出す」

### （1）概要など

　事業を運営している法人が、そのうちの一部もしくは全部の事業を「切り出す」M&A手法のひとつが会社分割です。会社分割においても事業譲渡と同様に、原則としてその切り出し元となる事業体の法人格を保ったまま事業に関する権利義務のみを移動させることができます。事業譲渡が「事業」の全部または一部を譲渡する行為であるのに対し、会社分割は「事業に関する権利義務」を承継させる行為となっています。前述のとおり、事業譲渡と会社分割はその長所と短所が表と裏のような関係になっており、「切り出す」手法として比較検討プロセスを経て頻繁に採用されます。

### （2）税務上の取扱い

　会社分割は組織再編税制に規定される手法のひとつであることから、原則は時価移転であるものの一定の要件（税制適格要件）を満たすことで簿価移転となり課税関係が生じません。たとえば、会社分割の実行により切出対象事業にかかる資産・負債と引き換えに現金を受け取った際に、当該資産・負債に含み損益があれば（簿価と時価に差額があれば）課税が生じます。一方で、会社分割の対価が株式のみである等の税制適格要件を満たしていれば簿価移転となり課税関係が生じません。会社分割の対価を株式にする等の要件を満たすことで「移転資産等に対する支配の継続」が見込まれるためです【2－1】。

　会社分割において、事業を切り出す法人を「分割法人」と呼びます。

### （3）包括承継

　会社分割による切り出しは、切出対象事業に関する権利義務の「包括承継」です。前述のとおり会社分割により、切出対象事業にかかる資産・負債だけでなく、その事業にひもづく第三者との法的な関係があわせて移転することになります（会2二十九、三十）。原則として、得意先・仕入先などの外部との契約や従業員との雇用契約など切出対象事業にかかる契約等が分割契約・計画の内容に応じて承継されます（実務上は許認可の引継ぎなど一部例外があります。後述5．（6））。

## 2. 譲受側の視点 「包括承継で」「くっつける」

### (1) 概要など

　譲受企業から見た場合に、会社分割を事業譲渡と同様に「くっつける」M&A手法のひとつとして活用することが可能です。会社分割のうち、会社を設立して移動対象事業をくっつけるのが新設分割、既存の会社に移動対象事業をくっつけるのが吸収分割という手法です（後述4.(2)）。譲受企業は、新設分割による場合は移動対象事業を別の新会社として運営し、吸収分割による場合は移動対象事業を既存の会社の法人内部に取り込んで一事業部門として運営します。会社分割による切り出しは「包括承継」となり、切り出し対象となる事業と第三者との法的な関係を一定程度保った状態で実行することになります（会2二十九、三十）。ただし、会社法の手続に則り法的な関係を包括的に引き継ぐことができる反面、意図しない承継事業に関する第三者との関係が継続してしまい法的なリスクを十分に遮断できないことがあり得ます（吸収分割契約書・新設分割計画書により一定程度対処することが可能）。このように、会社分割は事業譲渡と裏返しの関係になる手法であるといえます。実際のM&A手法を選択する際にも、状況に応じて事業譲渡と会社分割を比較検討する場面が多く生じます（後述8.）。

### (2) 税務上の取扱い

　事業譲渡と同様に会社分割では、原則的な取扱い（税制適格要件を満たさない＝非適格）として引き継ぐ対象事業にかかる資産・負債を時価で受け入れます。その際、引き継ぐ対象事業にかかる資産・負債の時価とその支払う対価に差額がある場合に、譲受企業側に「税務上ののれん」（正ののれん＝資産調整勘定、負ののれん＝差額負債調整勘定。【2－2】）が計上されることがあります。税務上ののれんは課税所得にインパクトが生じる形で償却を行うため、状況により税務上のメリット・デメリットが生じます。一方で、その会社分割が税制適格要件を満たしていれば、引き継ぐ対象事業にかかる資産・負債を簿価で受け入れることになります。

　会社分割で、切り出された事業を承継する法人を「分割承継法人」と呼びます。

## 3. 詐害的会社分割

　過去にいわゆる詐害的な会社分割が多数行われ社会問題化したことがありました。分社型分割の場合、債権者保護手続の対象となるのは分割承継法人に承継される債務にかかる債権者のみであり、分割法人に債務のみが残されるような会社分割（分割法人の債務弁済能力を害する形の会社分割）が行われてしまうと、分割法人の債務にかかる債権者（残存債権者）については債権回収ができなくなるにもかかわらず特段の手当てがありませんでした。このような状況に対し平成26年会社法改正により、意図的に詐害的な会社分割が行われた場合には、残存債権者は分割承継法人に対し承継された財産の価額を限度として債務の履行を請求できることとなり、残存債権者の権利が一定程度守られることになりました（会759④、761④、764④、766④）。

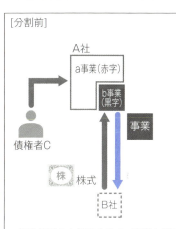

[分割前]

・債務超過のA社は赤字のa事業と黒字のb事業を営んでいたが、会社分割でb事業を切り出し新会社B社を設立することとなった。
・債権者CがいるがCがA社に対して有する債権は会社分割で新会社に移転しない。
・会社分割実行後のA社は債務超過かつa事業のキャッシュフローもマイナスで、Cに対する債務の弁済をすることは不可能。

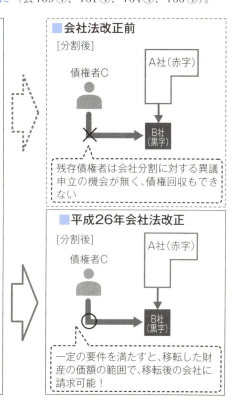

■会社法改正前
[分割後]
残存債権者は会社分割に対する異議申立の機会が無く、債権回収もできない

■平成26年会社法改正
[分割後]
一定の要件を満たすと、移転した財産の価額の範囲で、移転後の会社に請求可能！

# 4. 会社分割の4つの類型

　分社型か分割型か、新設か吸収か、これらの違いにより会社分割には4つの類型が存在します。

■会社分割の4つの類型（対価を株式とした場合）

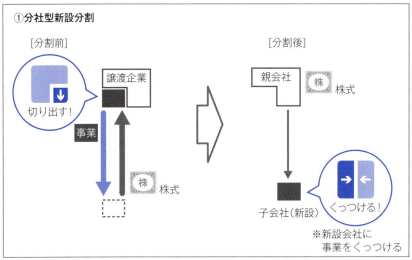

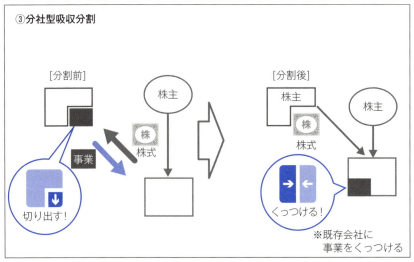

1-2-3 会社分割

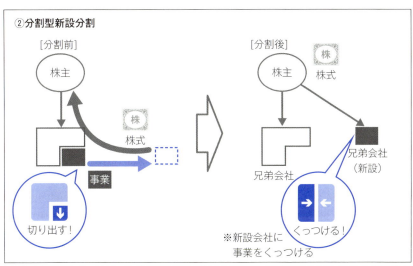

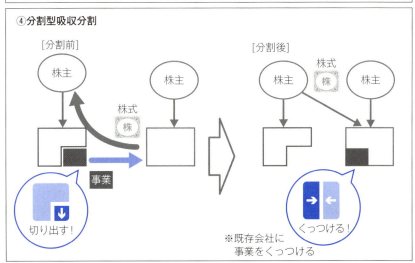

## (1)「分社型分割」と「分割型分割」
## (40～41頁見開きの図 「左側」と「右側」の違い)

■分社型と分割型

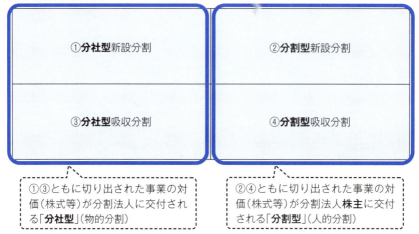

- 切り出された事業の対価(株式等)が分割法人に交付される「分社型」
- 切り出された事業の対価(株式等)が分割法人株主に交付される「分割型」

　会社分割の4つの類型のうち、まず押さえたいのが「分社型」と「分割型」の違いです。これらは、切り出された事業の「対価を誰が受け取るのか」の違いです。分社型分割は、切り出された事業の対価が事業を切り出した法人(分割法人)に交付され、タテ(親子)の関係が生じます。これに対して分割型分割は、切り出された事業の対価が事業を切り出した法人の株主(分割法人株主)に交付され、ヨコ(兄弟)の関係が生じます。課税関係等を整理するうえで、それぞれの手法により実現する形を視覚的にイメージできるようになることが会社分割を使いこなすための第一歩になります。

　以前の会社法では「分社型分割＝物的分割」「分割型分割＝人的分割」とも呼ばれていました。会社間で行われる行為⇒物的、会社間で行われる行為＋株主への現物配当⇒株主が絡むので人的、とイメージしてください。今でも法律の専門家の間では物的分割・人的分割と呼ぶことがあるので覚えておくといいでしょう。

## （2）「新設分割」と「吸収分割」
（40〜41頁見開きの図 「上側」と「下側」の違い）

■新設分割と吸収分割

・分割承継法人を「新設」（切り出した事業を新設会社にくっつける）
・既存の法人が分割承継法人として事業を「吸収」（切り出した事業を他の会社にくっつける）

　会社分割には「新設分割」と「吸収分割」があります。これらは、「切り出された事業を誰が引き継ぐのか」の違いになります。切り出された事業を新しく設立する会社が承継するのが新設分割、切り出された事業を既存の会社が承継するのが吸収分割です。

### (3) 4つの類型
#### ① 分社型新設分割
　4つの類型の中で基本の型といえるのが分社型新設分割です。切り出される事業を新たに設立した会社が引き継ぐ会社分割で、事業を切り出して子会社をつくるようなイメージになります。切り出し元の会社と切り出した事業を引き継いだ会社が100％の親子関係になる、すなわちタテの関係を作る会社分割です。

#### ② 分割型新設分割
　切り出される事業を新たに設立した会社が引き継ぐ点は①と同じですが、切り出し元の会社と切り出した事業を引き継いだ会社が兄弟会社の関係になる、すなわちヨコの関係を作る会社分割です。分割型新設分割は「①」＋「株式の現物分配」の2つの行為を組み合わせたものです。

#### ③ 分社型吸収分割
　切り出される事業を既存の会社にくっつける形で引き継ぐ会社分割です。株式を対価として分社型吸収分割を実行した場合、切り出し元の会社と切り出した事業を引き継いだ会社に資本関係が生じます。切り出し元の会社は事業を引き継いだ会社の株主となり、一定のタテの関係が生じることになります。

　これに対して現金対価で実行した場合、包括承継で事業譲渡とほぼ同じ形を実現することができます。

#### ④ 分割型吸収分割
　切り出される事業を既存の会社にくっつける形で引き継ぐ点は③と同じですが、切り出し元の会社の株主と切り出した事業を引き継いだ会社に資本関係が生じます。切り出し元の会社と事業を引き継いだ会社の間に一定のヨコの関係が生じることになります。分割型吸収分割は「③」＋「株式の現物分配」の2つの行為を組み合わせたものです。

1-2-3 会社分割

# 5. 手続

## (1) 概要

会社分割の手続は【2-3】のフローチャートのとおりです。平行していくつかの手続を進めることになります。これら一連の手続については、1ヵ月半～2ヵ月弱の期間で実行することが可能です。すべての手続をもれなく行うことが必要ですが、特に重要なのが債権者保護手続です。理由として、当該手続に要する時間が他の手続に比べて最も長く、全体スケジュールに及ぼす影響が大きいことが挙げられます。おおまかなイメージとしては、「債権者保護手続に要する期間≒会社分割手続に要する期間」となります。その他、会社分割に反対する株主の株式買取請求の機会を設けており、債権者保護手続よりは短いものの相応の期間を要します。

## (2) 債権者保護手続

分割法人および分割承継法人にかかる一定の債権者については、当該債権者の権利を保護する目的で異議の申し立てが認められており、このような債権者を保護するための手続が定められています。債権者保護手続は、①官報公告と②知れたる債権者への個別催告等の2つの手続で構成されています。

### ① 官報公告

官報公告は債権者保護手続に必須となります。当該公告を行ってから会社分割の効力発生日まで1ヵ月の期間が必要です。ここで注意が必要なのが官報公告の申込です。事前申込が必要で、既に決算公告を行っている会社でも公告掲載日の約1週間前、決算公告とあわせて行う会社については約2週間前が申込期限となります（株式会社には事業年度毎の決算報告を公告する義務がありますが、実務上は公告を行っていないケースが散見されます）。これにより、債権者保護手続は1ヵ月半程度の期間を要することとなります。

### ② 知れたる債権者への個別催告もしくは日刊新聞紙公告（電子公告）

実務では、債権者保護手続の対象となる債権者・債権額全体の90%程度をカバーするレベル感で実施することが一般的です。これは、少額の債権については、すぐに返済・担保設定等することが可能なので実務上の影響が少ないと考えられるためです。

債権者保護手続を行う会社が定款で公告方法を「日刊新聞紙」または「電子公告」と定めている場合には、知れたる債権者への個別催告に代えてこれら媒体による公告を実施することで個別催告を省略することが可能です（会789③、799③、810③）。

### （3）反対株主の株式買取請求

債権者と同様、株主の権利についても保護するための手続が定められています。会社分割に反対する株主がいる場合、その株主は会社に対して保有する株式の買取請求を行うことができます。吸収分割の場合、分割法人および分割承継法人は効力発生日の20日前までに、新設分割の場合、分割法人は新設分割計画にかかる株主総会の承認決議の日から2週間以内に株主に対する通知を行うことが要求されます。反対株主は、吸収分割の場合は効力発生日の20日前から効力発生日の前日までの間に、新設分割の場合は通知の日から20日以内に買取請求手続を行うことが必要です（会785、797、806）。

### （4）株主総会を要しないケース

#### ① 簡易分割

分割承継法人において会社分割の対価が分割承継法人の純資産の5分の1を超えない場合は簡易吸収分割として分割承継法人の株主総会の特別決議が不要となり、分割法人において分割承継法人に承継させる資産の帳簿価額の合計が分割法人の総資産の5分の1を超えない場合は分割法人の株主総会の特別決議が不要となります。簡易に該当する場合においては、反対株主の株式買取請求権は生じません（会784②、785①二、796②、797①、805、806①二）。

#### ② 略式分割

分割法人が分割承継法人の議決権の90％以上を保有している場合や、逆に分割承継法人が分割法人の議決権を90％以上保有している場合、保有されている側の株主総会は不要となります。ただし、分割承継法人が非公開会社であり、対価が当該分割承継法人の譲渡制限株式である場合には、株主総会決議を省略することはできません（会784①、796①）。

## (5) 労働者保護手続

### ① 概要

会社分割ならではの論点といえるのが労働契約承継法です。前述のとおり会社分割は包括承継であるため、切り出される事業に従事する従業員（＝労働者）の雇用関係についても吸収分割契約書または新設分割計画書の定めにより当然に分割承継法人に引き継がれることになってしまいます。個別の承諾がないまま労働者が承継されてしまう状況から労働者を守るために「会社分割に伴う労働契約の承継等に関する法律」（「労働契約承継法」）に定められた手続を行うことが必要です。労働契約承継法では分割法人に対し、労働者の理解と協力を得る手続、個別の労働者との協議義務、労働者や労働組合への事前通知義務を課しており、労働者に対しては異議申出を認めています。

労働契約承継法は労働者を守るための法律という位置付けですが、会社分割を実行する法人側にとっても従業員に対する説明を整然と実施できる機会になります。対象事業にかかる従業員の円滑な承継のため、手続に則り誠実な対応を以って取り組むことが重要です。

### ② 労働契約の承継

承継事業に主として従事する労働者、承継事業に主として従事しない労働者であるが会社分割により承継される労働者については、会社分割の通知期限日までに通知が必要となっています（労働契約承継法2）【2－3】。

また、承継事業に主として従事してきた労働者が承継されない場合、労働者が異議を申し出れば承継され、承継事業に主として従事しない労働者が承継される場合、労働者が異議を申し出れば承継されないことになります（労働契約承継法3、4、5）。

| | 分割により承継される定めがある | 分割により承継される定めがない |
|---|---|---|
| 承継事業に主として従事する労働者 | ・通知必要<br>・当然に承継 | ・通知必要<br>・異議なければ残留、異議あれば承継 |
| 承継事業に主として従事しない労働者 | ・通知必要<br>・異議なければ承継、異議あれば残留 | ・通知不要 |

## （6）許認可
### ① 概要
　許認可事業がM&Aの対象となる場合、許認可が引き継げなければM&Aの目的は達成できません。会社分割は包括承継ですが、許認可については特段の注意が必要です。包括承継の法的な立て付けから許認可も当然に引き継がれるイメージを持たれるかもしれませんが、実務上は必ず何らかの手続が生じます。会社分割等の組織再編を用いたM&Aにおいて、許認可の引継ぎは業種ごとにかなり手続が異なります。届出のみでほぼ手続なしで引き継げるものからゼロベースで再取得の手続を要求されるものまで様々です。

### ② 業種などにより手続が異なる
　会社分割等の組織再編により許認可を当然に引き継げない代表的な業種が建設業です。会社分割等の組織再編の実行に伴い建設業許可を引き継げないため、改めて行政に対する許認可の再取得手続が必要となります（建設業M&Aの関連論点として、経営事項審査（通称「経審」）への影響についても慎重な事前検討を行うことが重要です）。

　介護業についても注意が必要です。介護業については地域ごとの行政対応に少なからず差異があり、比較的簡便な届出で済むケースから実質的に許認可の再取得に近い手続を要求されるケースまで様々です。

　このように、業種によって許認可引継ぎに必要とされる手続・対応がかなり異なります。公共性が高い業種の中には、M&Aによる許認可の引継ぎについて非常に高いハードルが設けられているものがあります。政策的見地から許認可の総量規制が置かれている業種もあり、いったん許認可が失効・消滅すると再度取得することができなくなることもあるので注意が必要です。

### ③ 進め方
　許認可の円滑な引継ぎはM&Aにおける必須要件ですが、その承継にあたっては不確実性が存在するといえます。よって、確実な引継ぎが可能であるかどうか初期段階での確認が重要です。具体的には、対象会社の所在地において所管となっている行政窓口への事前問い合わせが有効です。この際、M&Aの検討段階で対象会社が特定されてしまうことを避けるため、状況に応じて匿名を用いることもあります。

また、特に会社分割については事業譲渡と混同する窓口担当者の方が少なからずいらっしゃいますので、M&A手法の概要説明につき丁寧な説明を心掛けることが必要です。事前問い合わせの際に確認すべき主要な事項は「会社分割等の組織再編により許認可の引継ぎが可能なのか」「可能である場合、どのような手続が必要なのか」「一連の手続にどのくらいの期間を要するのか」といった内容です。これらの中で、M&Aを実行するうえで最も重要な情報は手続に要する期間です。会社分割手続スケジュールに許認可手続スケジュールを組み合わせる形で、目標とする効力発生日から逆算する形で全体スケジュールを組んでいきます。これらのやり取りを通して許認可引継ぎが確実に実行できる旨の確証を一定程度得たうえでM&A手続を進め、買収監査終了後などM&Aのステージが相応に進行した段階で、改めて行政窓口に対し会社名を出す形で具体的な確認を取っていくことになります。

④ 代替方法の検討

　事前問い合わせにより、そもそも会社分割による許認可引継ぎが不可能であることが判明した場合には、代替案となるM&A手法により関係当事者が望む結果を得られるかどうか検討することになります。一般的には、株式譲渡であれば対象法人自体に影響を及ぼさず法人格に紐付く許認可を引き継ぐことが比較的容易であると考えられることから、会社分割で切り出す事業を入れ替える等の検討を行います。

　例えば、小売業と介護業を営む会社が会社分割により介護業を切り出して第三者の企業に承継することを検討していたところ、行政から会社分割による切り出しでは介護業の承継ができない旨の判断をされてしまったとします。この場合、小売業を会社分割で切り出したうえで介護業の会社を株式譲渡で第三者の企業に承継させること等を検討します。

　このような検討を行ううえでは、譲渡企業側の課税関係やオーナーの手取りなどをシミュレーションし、承継方法変更による影響が関係当事者の許容範囲であるかどうかの確認を取っていくこととなります。

（次頁設例参照）

## ■会社分割による許認可事業の切り出し　代替手法の検討（前頁④設例）

複数事業を営んでいる会社が、会社分割で介護事業を第三者に承継

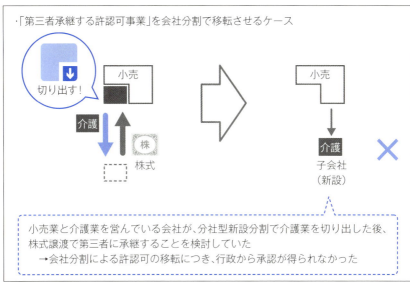

・「第三者承継する許認可事業」を会社分割で移転させるケース

小売業と介護業を営んでいる会社が、分社型新設分割で介護業を切り出した後、株式譲渡で第三者に承継することを検討していた
→会社分割による許認可の移転につき、行政から承認が得られなかった

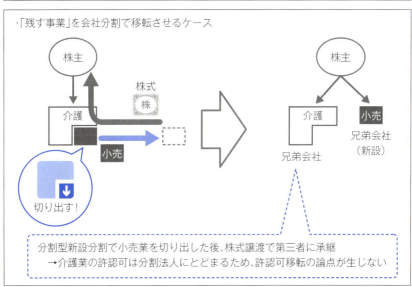

・「残す事業」を会社分割で移転させるケース

分割型新設分割で小売業を切り出した後、株式譲渡で第三者に承継
→介護業の許認可は分割法人にとどまるため、許認可移転の論点が生じない

残す事業（小売）に課税関係を生じさせずに介護を切り出すため、分割型分割を活用
【2−1】

### ⑤ 会社分割の中の最適な類型を選択

　会社分割を用いた許認可引継ぎを検討するうえでは「会社分割のどの類型を採用すると手続がスムーズに行えるか」といった検討も必要です。

　許認可引継ぎの面からは、新設分割により許認可を引き継げる業種では新設分割を採用し、それ以外は吸収分割を採用することが望ましいといえます。吸収分割では事業を承継する法人が効力発生日の前に許認可を引き継ぐための手続を進められるため、厳密な許認可手続を要求された場合でもスムーズな事業の承継・運営が可能です。このような理由により、100％子会社として事業を切り出すことを検討している場合でも、吸収分割を採用することがあります。この場合は会社分割に先立ち、事業の切り出し先として子会社（受皿会社）を設立します。受皿会社において、会社分割の効力発生日までに事前の行政窓口との許認可引継ぎにかかる手続を終了させておきます。

　新設分割では、切り出される事業を新たに設立した会社が引き継ぐことになります。効力発生日に会社が設立されることから、法人として事前に許認可引継ぎのための手続を行うことができません。最悪の場合は許認可の空白期間が生じ、継続的な事業運営に支障を来してしまうことがあります。
（次頁設例参照）

## 6．その他論点（諸税等）

### （1）消費税

　会社分割は消費税の課税対象外取引であるため、不課税となり消費税はかかりません（消法2①八、消令2①四）。

　なお、会社分割を実行した場合、消費税の課税事業者判定において特例が設けられているため留意が必要です。消費税の課税事業者に該当するかどうかの判定にあたっては、原則として基準期間（判定する事業年度の前々事業年度）の課税売上高に基づき判定を行います。その際、基準期間がない新設法人については事業年度開始日の資本金の額が1,000万円以上でない限り消費税の納税義務が免除されます。ただし、会社分割を実行した場合にこれら原則的な取扱いで判定を行うと、事業の切り出しによる法人の新設など意図

## ■分社型分割による許認可事業のスムーズな切り出し例（前頁⑤設例）

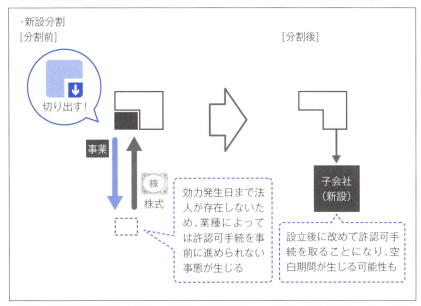

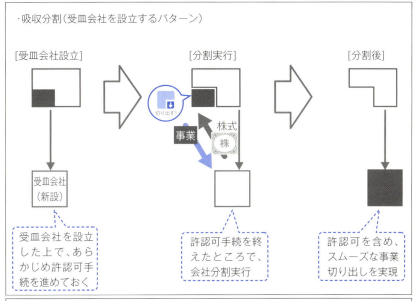

許認可事業を切り出すには、吸収分割のほうがスムーズに進められるケースが多い

的に消費税の納税義務を免れることが可能となってしまいます。よって、会社分割における事業の切り出し先の法人で消費税の課税事業者に該当するかどうかを判定する場合、その移転元である分割法人における基準期間の課税売上高を加味して判定を行うことになっています（消法9、消法9の2、消法12、消法12の2）。

## （２）印紙税

会社分割の印紙税は、吸収分割契約書および新設分割計画書について一律4万円となります。会社分割契約の内容を変更・補充するものは印紙税の課税文書として取り扱われますが、会社法で会社分割契約に定めることとして規定されていない事項についてのみ変更・補充する文書は印紙税がかかりません。なお、新設分割計画書および吸収分割契約書に承継財産として不動産が含まれていても一号文書には該当しません（印紙税法別表第一、印紙税法基本通達第5号文書2・3および4）。

## （３）登録免許税など

会社分割では、①分割法人側と②分割承継法人側でそれぞれ登録免許税がかかります。①は3万円が課税され、会社分割が行われた旨の変更登記が行われます。②は増加資本金の額の0.7％（最低3万円）が課税され、登記が行われます。

その他、会社分割の移動対象資産に不動産が含まれている場合、所有権移転登記にかかる登録免許税と不動産取得税が課税されます【２－６】。

① 登録免許税

　固定資産税評価額の２％

② 不動産取得税

　固定資産税評価額の４％（住宅・土地は平成33年3月まで3％に減免。さらに宅地については課税標準が2分の1となる特例あり）。なお、一定の要件を満たす会社分割については不動産取得税が非課税となります【２－６】。

　会社分割は事業譲渡と比べると消費税の影響が少ないものの、流通税の影響を相応に考慮する必要があるM&A手法といえます。

## 7. 会計処理、課税関係イメージ

### Ⅰ 分社型新設分割（＋株式譲渡）

#### 前提

・譲渡企業（A1社）は譲受企業（B社）に対し、A1社の有するa事業を譲渡します。
・上記を実行するため、分社型新設分割によりa事業を切り出した（子会社A2社を設立）後、A2社株式を譲渡します。
・新設分割の概要
　新設されたA2社は、会社分割の対価としてA2社株式を発行します。
・株式譲渡の概要
　a事業の時価は500とし、当該時価をA2社株式の株価として、A1社はB社に対しA2社株式を譲渡（現金対価）します。
・A1社におけるa事業の資産・負債の内容
　a事業諸資産300（時価400）、a事業諸負債80(時価80)
・会社分割および株式譲渡にかかる諸手数料は考慮しません。

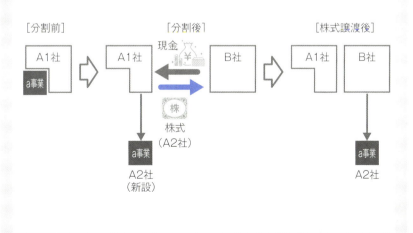

## 会計

### 1．分社型分割の処理
#### （1）譲渡企業（分割法人）（A1社）

| 借方 | 金額 | 貸方 | 金額 |
|---|---|---|---|
| a事業諸負債 | 80 | a事業諸資産 | 300 |
| A2社株式 | 220 | | |

　A2社を設立する際の「共通支配下の取引」、A2社株式を売却する「株式譲渡」という2つの取引をそれぞれ「別個の取引」とする考え方と「一体の取引」とする考え方がありますが、本書では「別個の取引」とする考え方に基づいて解説します。

　分社型新設分割は、分割法人における投資が継続していると考えられるため、共通支配下の取引にかかる会計処理に準じて処理を行います（結合基118）。すなわち、当該取引において、移転損益は認識せず、当該譲渡企業（分割法人A1社）が受け取った分割承継法人の株式（A2社株式）の取得原価は、移転した事業にかかる株主資本相当額に基づいて算定します（分離基17、87、結合指226、260）。

#### （2）分割承継法人（A2社）

| 借方 | 金額 | 貸方 | 金額 |
|---|---|---|---|
| a事業諸資産 | 300 | a事業諸負債 | 80 |
| | | 払込資本 | 220 |

　取得したa事業は、A1社において移転直前に付されていた適正な帳簿価額により計上します（結合基41、結合指227（1）、261）。

　増加すべき払込資本の内訳（資本金、資本準備金またはその他資本剰余金）は、新設分割計画書において定めた金額となります（結合指227（2）、261、会計規49②）。なお、実務上は登録免許税などを少なくするため、資本金を少なくし、その他資本剰余金を多く計上するケースが多いと思われます。

## (3) 譲受企業（B社）

取引当事者ではないため会社分割時の仕訳は生じません。

## 2．A2社株式の譲渡の処理
### (1) 譲渡企業（分割法人）（A1社）

| 借方 | 金額 | 貸方 | 金額 |
| --- | --- | --- | --- |
| 現金預金 | 500 | A2社株式 | 220 |
|  |  | 譲渡益 | 280 |

　A2社株式の消滅を認識し、対価として受領した現金預金を計上します。差額は損益として計上します。

### (2) 譲受企業（B社）

| 借方 | 金額 | 貸方 | 金額 |
| --- | --- | --- | --- |
| A2社株式 | 500 | 現金預金 | 500 |

　A2社株式を取得価額にて計上します。

### (3) 分割承継法人（A2社）

　取引当事者ではないため株式譲渡時の仕訳は生じません。

## 税務

### 1．分社型分割の処理

#### (1) 譲渡企業（分割法人）（A1社）

| 借方 | 金額 | 貸方 | 金額 |
|---|---|---|---|
| a事業諸負債 | 80 | a事業諸資産 | 300 |
| A2社株式 | 500 | 譲渡益 | 280 |

　本スキームは、会社分割の効力発生日時点でA2社株式を譲渡することが見込まれているため、税務上は、原則的な取扱い（非適格分割）となり、含み損益が顕在化します（法法62①）。

#### (2) 分割承継法人（A2社）

　課税関係は生じません。

| 借方 | 金額 | 貸方 | 金額 |
|---|---|---|---|
| a事業諸資産 | 400 | a事業諸負債 | 80 |
| 資産調整勘定 | 180 | 資本金等の額 | 500 |

　非適格分割であるため、A2社はA1社から受け入れたa事業の資産および負債をそれぞれの時価で計上します。

　分割対価の額（500）のうち、分割法人から移転を受けた時価純資産価額（400－80＝320）を超える部分については、税務上ののれんである資産調整勘定として計上し、会計処理にかかわらず、60ヵ月で償却し損金算入することになります（法法62の8①④）【2－2】。

　分割承継法人（A2社）の増加する純資産の額は、移転事業の時価（＝分割対価の額500）となり、その全額が資本金等の額となります（法令8七）。

#### (3) 譲受企業（B社）

　取引当事者ではないため課税関係は生じません。

## 2．A2社株式の譲渡の処理
### （1）譲渡企業（分割法人）（A1社）
課税関係は生じません。

| 借方 | 金額 | 貸方 | 金額 |
|---|---|---|---|
| 現金預金 | 500 | A2社株式 | 500 |

A2社株式の消滅を認識し、対価として受領した現金預金を計上します。

### （2）譲受企業（B社）
課税関係は生じません。

| 借方 | 金額 | 貸方 | 金額 |
|---|---|---|---|
| A2社株式 | 500 | 現金預金 | 500 |

A2社株式を取得価額にて計上します。

### （3）分割承継法人（A2社）
取引当事者ではないため課税関係は生じません。

## Ⅱ 分割型新設分割(適格)+株式譲渡

### 前提

・譲渡企業(A社、個人株主が100%保有)はa事業とb事業を運営しています。
・A社はa事業をC社に譲渡することを検討します。
・上記を実行するため、まずは譲渡対象外のb事業を分割型分割により切り出しB社を設立します。
・分割型分割の後、A社株主はa事業のみとなったA社の株式をC社に譲渡します。なお、当該株主は、B社株式を継続保有しb事業を運営していく予定です。
・A社の会社分割直前期末の貸借対照表は以下のとおり(括弧の金額は時価)です。
・本設例において、税務における資本金の額以外の資本金等の額は資本剰余金と同額とし、利益積立金額は利益剰余金と同額とします。

| 借方 | 金額 | 貸方 | 金額 |
|---|---|---|---|
| a事業諸資産 | 4,000 | a事業諸負債 | 1,200 |
| b事業諸資産 | 1,000<br>(1,500) | b事業諸負債 | 300<br>(300) |
|  |  | 資本金 | 300 |
|  |  | 資本剰余金<br>(資本準備金) | 200 |
|  |  | 利益剰余金<br>(その他利益剰余金) | 3,000 |
| 計 | 5,000 | 計 | 5,000 |

・新設分割の概要
　①A社は、b事業の諸資産および諸負債を新会社であるB社に移転します。新設されたB社は、会社分割の対価としてB社株式を発行し、A社は、これを会社分割の対価として受領します。
　②A社は、B社から交付を受けたB社株式をA社株主に交付(現物配当)します。

③Ａ社における変動（減少）させる株主資本の内訳
　　その他利益剰余金:700
・株式譲渡の概要
　株主のＡ社株式の取得価額は500とします。
　会社分割後のＡ社株式の時価は6,000とし、当該時価にてＡ社株主はＣ社に対しＡ社株式を譲渡（現金対価）します。
・会社分割および株式譲渡にかかる諸手数料は考慮しません。

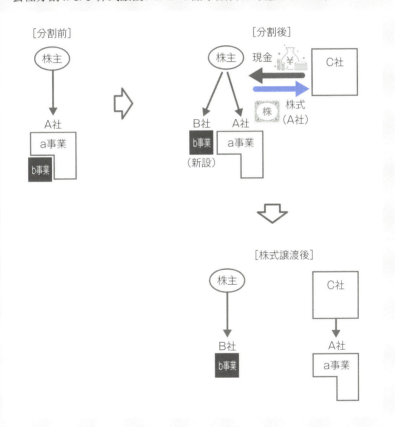

## 会計

### 1．分割型分割の処理
#### （1）譲渡企業（分割法人）（A社）

分割型の単独新設分割は「分社型分割＋新設分割設立会社の株式の分配（現物配当）」という2つの取引と考えられています。よって、以下のとおり、2つの取引に分けて会計処理をします。

#### ① A社からB社への資産・負債の移転

| 借方 | 金額 | 貸方 | 金額 |
|---|---|---|---|
| b事業諸負債 | 300 | b事業諸資産 | 1,000 |
| B社株式 | 700 | | |

b事業に関する移転損益は認識せず、当該譲渡企業（A社）が取得した分割承継法人（B社）株式の取得原価は、移転したb事業にかかる株主資本相当額に基づいて算定します（分離基17、63、87、結合指226、233(1)、263）。

#### ② A社から株主へのB社株式の交付（現物配当）

| 借方 | 金額 | 貸方 | 金額 |
|---|---|---|---|
| その他利益剰余金 | 700 | B社株式 | 700 |

譲渡企業（A社）は、現物配当に伴い、対象となる分割承継法人（B社）株式の消滅を認識し、これに対応する株主資本を減少させます（結合指233(2)、263、446、自株指10）。

本設例では、前提よりこの処理となります。なお、分割承継法人が受け入れた資産負債の対価として、分割承継法人株式のみを交付している場合には、現物配当の処理ではなく、譲渡企業の株主資本の内訳を適切に配分した額で処理を行うこともでき、当該処理を行った場合には、譲渡企業の株主資本の減少の内訳と分割承継法人側の株主資本の増加の内訳が一致することになります。（結合指233(2)、234(2)、263、446、会計規50①）

(参考)

会社分割後のA社B/S

| 借方 | 金額 | 貸方 | 金額 |
|---|---|---|---|
| a事業諸資産 | 4,000 | a事業諸負債 | 1,200 |
| | | 資本金 | 300 |
| | | 資本剰余金<br>（資本準備金） | 200 |
| | | 利益剰余金<br>（その他利益剰余金） | 2,300 |
| 計 | 4,000 | 計 | 4,000 |

### （2）分割承継法人（B社）

| 借方 | 金額 | 貸方 | 金額 |
|---|---|---|---|
| b事業諸資産 | 1,000 | b事業諸負債 | 300 |
| | | 払込資本 | 700 |

　取得したb事業の諸資産および諸負債は、A社において移転直前に付されていた適正な帳簿価額により計上し、増加すべき払込資本の内訳（資本金、資本準備金またはその他資本剰余金）は、新設分割計画書において定めた金額となります（結合指227（2）、234、264、会計規49②）。なお、実務上は登録免許税などを少なくするため、資本金を少なくし、その他資本剰余金を多く計上するケースが多いと思われます。

　また、分割承継法人が受け入れた資産負債の対価として、分割承継法人株式のみを交付している場合には、譲渡企業が減少させた株主資本の内訳の額と一致させる処理も容認されています（結合指234(2)、264、409(3)、会計規50①）。

### （3）譲渡企業（分割法人）（A社）株主

　分割型分割における分割法人株主は、受け取った分割承継法人株式と、これまで保有していた分割法人株式とが実質的に引き換えられたものとみなし、会社分割直前の分割法人株式の適正な帳簿価額のうち、合理的な按分計算によって引き換えられたものとみなされる部分の価額をもって、分割法人

株式から分割承継法人株式へ振り替えることとなります（分離基32(2)、49、結合指294、295）。結果として、分割法人株主においては、交換損益は生じないこととなります。

なお、合理的な按分計算の方法としては、以下の方法が考えられます（分離基50、結合指295）。

・関連する時価の比率で按分する方法
・時価総額の比率で按分する方法
・関連する帳簿価額の比率で按分する方法

| 借方 | 金額 | 貸方 | 金額 |
|---|---|---|---|
| B社株式 | 100 | A社株式 | 100 |

本設例では、関連する帳簿価額の比率で按分する方法により、A社株式を按分計算します。よって、当該株主が保有するA社株式の取得価額は当初500から400に変更されることとなります。

$500^{*1} \times 700^{*2}/3,500^{*3} = 100$

*1 分割法人（A社）株主が保有する当該株式の当初取得価額
*2 分割事業にかかる株主資本相当額の適正な帳簿価額
*3 会社分割直前の分割法人（A社）の株主資本の適正な帳簿価額

### （4）譲受企業（C社）

取引当事者ではないため会社分割時の仕訳は生じません。

## 2．A社株式の譲渡の処理

### （1）譲渡企業（分割法人）（A社）株主（個人）

| 借方 | 金額 | 貸方 | 金額 |
|---|---|---|---|
| 現金預金 | 6,000 | A社株式 | 400 |
| | | 譲渡益 | 5,600 |

A社株式の消滅を認識し、対価として受領した現金預金を計上します。差額は損益として計上します。

## (2) 譲受企業（C社）

| 借方 | 金額 | 貸方 | 金額 |
|---|---|---|---|
| A社株式 | 6,000 | 現金預金 | 6,000 |

A社株式を取得価額にて計上します。

## (3) 分割承継法人（B社）

取引当事者ではないため株式譲渡時の仕訳は生じません。

## 税務

### 1. 分割型分割の処理
**(1) 分割法人（A社）**
①A社からB社への資産・負債の移転

課税関係は生じません。

| 借方 | 金額 | 貸方 | 金額 |
|---|---|---|---|
| b事業諸負債 | 300 | b事業諸資産 | 1,000 |
| 利益積立金額 | 600 | | |
| B社株式 | 100 | | |

　平成29年度税制改正前は、分割型分割が適格分割となるための要件の一つである支配関係継続要件について、分割後に分割法人（A社）と分割承継法人（B社）との間にその同一の者による支配関係が継続することが見込まれることが要件になっていました。本設例では、分割後に、分割法人（A社）株式がC社に譲渡されていることが予定されているため、税制改正前は当該分割は税制非適格分割として扱われていました。

　この要件が、平成29年度税制改正により、分割後に同一の者と分割承継法人（B社）との間の支配関係の継続が見込まれること、に改正されたため、本設例の分割は、税制適格分割として扱われることとなります【2－1関連論点】。

〔解説〕
・適格分割型分割であるため、資産および負債を分割承継法人（B社）に帳簿価額で移転します（法法62の2②③）。
・A社は、b事業の諸資産および諸負債を新会社であるB社に移転し、会社分割の対価としてB社株式を受け取ります。
・減少する利益積立金額は以下のとおり計算します（法法二十八、法令9①十）。
　$700^{*1} - 100^{*2} = 600$
　　*1　分割事業の簿価純資産額（移転資産簿価－移転負債簿価）

\*2 減少する資本金等の額

・減少する資本金等の額(次の②)は以下のとおり計算します(法法2十六、法令8①十五)。

$500^{*1} \times 700^{*2} / 3,500^{*3} = 100$

\*1 分割法人の分割直前の資本金等の額
\*2 分割事業の簿価純資産
\*3 分割法人の前期末の簿価純資産

② A社からA社株主へのB社株式の交付(配当)

課税関係は生じません。

| 借方 | 金額 | 貸方 | 金額 |
|---|---|---|---|
| 資本金等の額 | 100 | B社株式 | 100 |

A社は、B社から交付を受けたB社株式をA社株主に交付(配当)し、対応する資本金等の額を減額させます。

(参考)

会社分割後のA社B/S(税務上)

| 借方 | 金額 | 貸方 | 金額 |
|---|---|---|---|
| a事業諸資産 | 4,000 | a事業諸負債 | 1,200 |
|  |  | 資本金等の額 | 400 |
|  |  | 利益積立金額 | 2,400 |
| 計 | 4,000 | 計 | 4,000 |

(2) 分割承継法人(B社)

課税関係は生じません。

| 借方 | 金額 | 貸方 | 金額 |
|---|---|---|---|
| b事業諸資産 | 1,000 | b事業諸負債 | 300 |
|  |  | 資本金等の額 | 100 |
|  |  | 利益積立金額 | 600 |
| 計 | 1,000 | 計 | 1,000 |

適格分割型分割であるため、B社は、A社から引き継いだb事業の資産および負債を帳簿価額で計上し、資本金等の額および利益積立金額を引き継ぎます(法令123の3、法法2十六、法令8①六、法法2十八、法令9①三)。

### (3) 分割法人(A社)株主

当該設例では税制適格要件を満たすことから、分割法人株主においてはみなし配当など課税関係は生じず、分割法人株式の簿価修正のみが行われます(法法61の2④、法令119①六、119の3⑪)。

課税関係は生じません。

| 借方 | 金額 | 貸方 | 金額 |
|---|---|---|---|
| B社株式 | 100 | A社株式 | 100 |

会社分割により分割法人の純資産額の一部が分割承継法人に切り出されるため、その分だけ、分割法人の株式価値は減少します。分割法人株主は、分割法人の株式簿価のうち、当該価値の減少分の金額を減額し、分割承継法人株式の取得原価に振り替えます。

・A社株式の簿価修正額 $100 = 500^{*1} \times 700^{*2} / 3,500^{*3}$

\*1 分割法人株式の簿価

\*2 分割事業の簿価純資産

\*3 分割法人の前期末の簿価純資産

### (4) 譲受企業(C社)

取引当事者ではないため課税関係は生じません。

## 2. A社株式の譲渡の処理

### (1) 譲渡企業(分割法人)(A社)株主

| 借方 | 金額 | 貸方 | 金額 |
|---|---|---|---|
| 現金預金 | 6,000 | A社株式 | 400 |
|  |  | 譲渡益 | 5,600 |

A社株式の消滅を認識し、対価として受領した現金預金を計上します。差額は損益として計上します。なお、個人が株を売却するため、所得税・住民税(分離課税、一定税率)が課されることとなります。

## (2) 譲受企業（C社）

課税関係は生じません。

| 借方 | 金額 | 貸方 | 金額 |
|---|---|---|---|
| A社株式 | 6,000 | 現金預金 | 6,000 |

A社株式を取得価額にて計上します。

## (3) 分割承継法人（B社）

取引当事者ではないため課税関係は生じません。

## Ⅲ 分割型新設分割（非適格）＋株式譲渡

### 前提

・譲渡企業（A社、P社の100％子会社）はa事業とb事業を運営しています。
・A社はb事業をC社に譲渡することを検討します。
・上記を実行するため、分割型分割によりb事業を切り出してB社を設立後、B社株式を譲渡します。
・A社の会社分割直前期末の貸借対照表は以下のとおり（括弧の金額は時価）です。
・本設例において、税務における資本金の額以外の資本金等の額は資本剰余金と同額とし、利益積立金額は利益剰余金と同額とします。

| 借方 | 金額 | 貸方 | 金額 |
|---|---|---|---|
| a事業諸資産 | 4,000 | a事業諸負債 | 1,200 |
| b事業諸資産 | 1,000<br>(1,500) | b事業諸負債 | 300<br>(300) |
|  |  | 資本金 | 300 |
|  |  | 資本剰余金<br>（資本準備金） | 200 |
|  |  | 利益剰余金<br>（その他利益剰余金） | 3,000 |
| 計 | 5,000 | 計 | 5,000 |

・新設分割の概要
　①A社は、b事業の諸資産および諸負債を新会社であるB社に移転する。新設されたB社は、会社分割の対価としてB社株式を発行し、A社は、これを会社分割の対価として受領します。
　②A社は、B社から交付を受けたB社株式をP社に交付（現物配当）します。
　③A社側で変動（減少）させる株主資本の内訳
　　その他利益剰余金：700

④分割直前の分割法人の発行済株式総数：100株

・株式譲渡の概要

P社のA社株式の取得価額は500とします。

譲渡対象となるB社株式の時価は2,000であり、当該時価にてP社はC社に対しB社株式を譲渡します。

・会社分割および株式譲渡にかかる諸手数料は考慮しません。

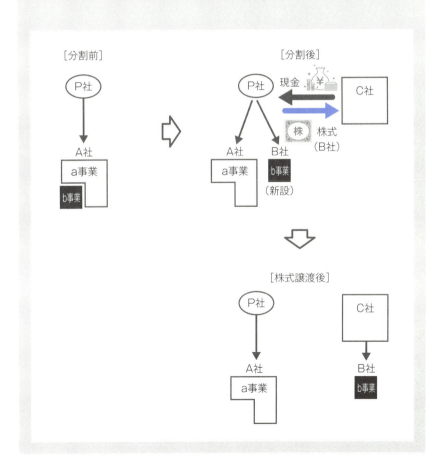

## 会計

### 1. 分割型分割の処理
#### (1) 譲渡企業（分割法人）（A社）

分割型の単独新設分割は「分社型分割＋新設分割設立会社の株式の分配（現物配当）」という2つの取引と考えられています。よって、以下のとおり、2つの取引に分けて会計処理をします。

#### ① A社からB社への資産・負債の移転

| 借方 | 金額 | 貸方 | 金額 |
|---|---|---|---|
| b事業諸負債 | 300 | b事業諸資産 | 1,000 |
| B社株式 | 700 | | |

b事業に関する移転損益は認識せず、当該譲渡企業（A社）が取得した新設会社（B社）株式の取得原価は、移転したb事業にかかる株主資本相当額に基づいて算定します（分離基17、63、87、結合指226、233(1)、263）。

#### ② A社からP社へのB社株式の交付（現物配当）

| 借方 | 金額 | 貸方 | 金額 |
|---|---|---|---|
| その他利益剰余金 | 700 | B社株式 | 700 |

譲渡企業（A社）は、現物配当に伴い、対象となる分割承継法人（B社）株式の消滅を認識し、これに対応する株主資本を減少させます（結合指233(2)、263、446、自株指10）。

本設例では、前提よりこの処理となります。なお、分割承継法人が受け入れた資産負債の対価として、分割承継法人株式のみを交付している場合には、現物配当の処理ではなく、譲渡企業の株主資本の内訳を適切に配分した額で処理を行うこともでき、当該処理を行った場合には、譲渡企業の株主資本の減少の内訳と分割承継法人側の株主資本の増加の内訳が一致することになります（結合指233(2)、234(2)、263、446、会計規50①）。

(参考)
会社分割後のA社B/S

| 借方 | 金額 | 貸方 | 金額 |
|---|---|---|---|
| a事業諸資産 | 4,000 | a事業諸負債 | 1,200 |
| | | 資本金 | 300 |
| | | 資本剰余金<br>(資本準備金) | 200 |
| | | 利益剰余金<br>(その他利益剰余金) | 2,300 |
| 計 | 4,000 | 計 | 4,000 |

## (2) 分割承継法人（B社）

| 借方 | 金額 | 貸方 | 金額 |
|---|---|---|---|
| b事業諸資産 | 1,000 | b事業諸負債 | 300 |
| | | 払込資本 | 700 |

　取得したb事業の諸資産および諸負債は、A社において移転直前に付されていた適正な帳簿価額により計上し、増加すべき払込資本の内訳（資本金、資本準備金またはその他資本剰余金）は、新設分割計画書において定めた金額となります（結合指227（2）、234、264、会計規49②）。なお、実務上は登録免許税などを少なくするため、資本金を少なくし、その他資本剰余金を多く計上するケースが多いと思われます。

　また、分割承継法人が受け入れた資産負債の対価として、分割承継法人株式のみを交付している場合には、譲渡企業が減少させた株主資本の内訳の額と一致させる処理も容認されています（結合指234(2)、264、409(3)、会計規50①）。

## (3) 譲渡企業（分割法人）株主（P社）

　分割型分割における分割法人株主は、受け取った分割承継法人株式と、これまで保有していた分割法人株式とが実質的に引き換えられたものとみなし、会社分割直前の分割法人株式の適正な帳簿価額のうち、合理的な按分計算によって引き換えられたものとみなされる部分の価額をもって、分割法人

株式から分割承継法人株式へ振り替えることとなります（分離基32(2)、49、結合指294、295）。結果、分割法人株主においては、交換損益は生じないこととなります。

なお、合理的な按分計算の方法としては、以下の方法が考えられます（分離基50、結合指295）。
・関連する時価の比率で按分する方法
・時価総額の比率で按分する方法
・関連する帳簿価額の比率で按分する方法

| 借方 | 金額 | 貸方 | 金額 |
|---|---|---|---|
| B社株式 | 100 | A社株式 | 100 |

本設例では、関連する帳簿価額の比率で按分する方法により、A社株式を按分計算します。よって、当該株主が保有するA社株式の価額は当初500から400に変更されることとなります。

$500^{*1} \times 700^{*2} / 3,500^{*3} = 100$

\*1　分割法人株主が保有する当該株式の当初取得価額
\*2　分割事業にかかる株主資本相当額の適正な帳簿価額
\*3　会社分割直前の分割法人の株主資本の適正な帳簿価額

### （4）譲受企業（C社）

取引当事者ではないため会社分割時の仕訳は生じません。

## 2．B社株式の譲渡の処理
### （1）譲渡企業（分割法人）株主（P社）

| 借方 | 金額 | 貸方 | 金額 |
|---|---|---|---|
| 現金預金 | 2,000 | B社株式 | 100 |
|  |  | 譲渡益 | 1,900 |

B社株式の消滅を認識し、対価として受領した現金預金を計上します。差額は損益として計上します。

## (2) 譲受企業 (C社)

| 借方 | 金額 | 貸方 | 金額 |
|---|---|---|---|
| B社株式 | 2,000 | 現金預金 | 2,000 |

B社株式を取得価額にて計上します。

## (3) 譲渡企業 (分割法人) (A社)

取引当事者ではないため株式譲渡時の仕訳は生じません。

## 税務

### 1. 分割型分割の処理
#### (1) 譲渡企業（分割法人）(A社)
① A社からB社への資産・負債の移転

| 借方 | 金額 | 貸方 | 金額 |
|---|---|---|---|
| b事業諸負債 | 300 | b事業諸資産 | 1,000 |
| B社株式 | 2,000 | 譲渡益 | 1,300 |

　本設例のように、事業の切り出し後に分割承継法人株式を第三者に譲渡を想定している場合は、適格要件を満たさないため、非適格分割となります。非適格分割の場合、分割法人は移転資産負債を時価にて移転したものとして課税関係が生じることになります（法法62①）。

　会社分割の対価としてB社株式を受け入れますが、本設例では新設分割後にB社株式を2,000で譲渡することが予定されているため、当該金額で評価し、差引きで譲渡損益を計上します。

② A社からP社へのB社株式の交付（配当）

| 借方 | 金額 | 貸方 | 金額 |
|---|---|---|---|
| 資本金等の額 | 100 | B社株式 | 2,000 |
| 利益積立金額 | 1,900 | | |

・A社は、B社から交付を受けたB社株式をP社に交付（配当）し、対応する資本金等の額および利益積立金額を減額させます。

・減少する利益積立金額は以下のとおり計算します（法法二十八、法令9①九）。

$1,900 = 2,000^{*1} - 100^{*2}$

　＊1　分割法人株主等に交付した金銭等の額の合計額
　＊2　減少する資本金等の額

- 減少する資本金等の額は以下のとおり計算します（法法２十六、法令８①十五）。

$$100 = 500^{*1} \times \frac{700^{*2}}{3,500^{*3}}$$

\*1　分割法人の分割直前の資本金等の額

\*2　分割事業の簿価純資産

\*3　分割法人の前期末の簿価純資産

- みなし配当にかかる源泉徴収（後述（３）①）の処理に関する仕訳を省略しています。

(参考)
会社分割後のA社B/S（税務上）

| 借方 | 金額 | 貸方 | 金額 |
| --- | --- | --- | --- |
| a事業諸資産 | 4,000 | a事業諸負債 | 1,200 |
|  |  | 資本金等の額 | 400 |
|  |  | 利益積立金額※ | 2,400 |
| 計 | 4,000 | 計 | 4,000 |

※　会社分割前（3,000）＋譲渡益（1,300）－配当（1,900）＝2,400

### (2) 分割承継法人（B社）

課税関係は生じません。

| 借方 | 金額 | 貸方 | 金額 |
| --- | --- | --- | --- |
| b事業諸資産 | 1,500 | b事業諸負債 | 300 |
| 資産調整勘定 | 800 | 資本金等の額 | 2,000 |
| 計 | 2,300 | 計 | 2,300 |

非適格分割であるため、B社は、A社から受け入れたb事業の資産および負債をそれぞれ時価で計上します。

分割対価の額（2,000）のうち、譲渡企業から移転を受けた時価純資産価額（1,500－300＝1,200）を超える部分については、税務上ののれんである資産調整勘定として計上し、60ヵ月で償却し、会計処理にかかわらず、損金算入することになります（法法62の8①④）【２－２】。

## (3) 譲渡企業（分割法人）株主（P社）

本設例では分割対価が分割承継法人株式のみの税制非適格分割となることから、分割法人株主においてはみなし配当と分割法人株式の株式簿価修正に伴う課税関係が生じます。

| 借方 | 金額 | 貸方 | 金額 |
|---|---|---|---|
| B社株式 | 2,000 | みなし配当 | 1,900 |
|  |  | A社株式 | 100 |

### ① みなし配当

交付を受けた株式の価額から、当該分割法人の資本金等の額のうち交付の起因となった株式に対応する部分の金額を控除した額を、みなし配当として認識します（法法24①二）。ただし、本設例の場合、分割法人株主（P社）が100％親法人であることから、当該みなし配当は全額益金不算入となり、課税の問題は生じないこととなります。

なお、その場合であっても、みなし配当にかかる源泉徴収の処理が別途必要となり、みなし配当支払法人である分割法人（源泉徴収義務者）へ支払います。本設例では当該仕訳は省略します。

・みなし配当の額＝（イ）－（ロ）

（イ）2,000…分割により交付を受けた金銭その他資産の額（時価）

（ロ）$100 = \dfrac{100^{*1}}{100^{*2}} \times 100 株^{*3}$

  *1 分割直前の分割資本金等の額

  $100 = 500^{*4} \times \dfrac{700^{*5}}{3,500^{*6}}$

  *2 分割直前の分割法人の発行済株式総数

  *3 分割法人の各株主が分割直前に有していた分割法人の株式数

  *4 分割法人の分割直前の資本金等の額

  *5 分割事業の簿価純資産

  *6 分割法人の前期末の簿価純資産

## ② 分割法人株式(A社株式)の簿価修正

会社分割により分割法人の純資産額の一部が分割承継法人に移転するため、その分、分割法人の価値は減少します。分割法人株主は、分割法人株式の簿価のうち、当該価値の減少分の金額を減額し、分割承継法人株式の取得原価に振り替えます(法法61の2④、法令119①六、119の3⑪)。

・A社株式の簿価修正額 $100 = 500^{*1} \times \dfrac{700^{*2}}{3,500^{*3}}$

　*1　分割法人株式(A社)の簿価
　*2　分割事業の簿価純資産
　*3　分割法人の前期末の簿価純資産

なお、新たに取得する分割承継法人株式(B社株式)の取得価額は、前述のみなし配当額(1,900)に分割法人株式(A社株式)の簿価修正額を加算した金額となります(法令119①六)。

## (4) 譲受企業(C社)

取引当事者ではないため課税関係は生じません。

## 2. P社株式の譲渡の処理

### (1) 譲渡企業(分割法人)株主(P社)

課税関係は生じません。

| 借方 | 金額 | 貸方 | 金額 |
|---|---|---|---|
| 現金預金 | 2,000 | B社株式 | 2,000 |

B社株式の消滅を認識し、対価として受領した現金預金を計上します。本設例では、A社の資本金等の額とP社のA社株式の取得価額が一致していることから差額は生じないため、課税関係は生じません。

## (2) 譲受企業（C社）

課税関係は生じません。

| 借方 | 金額 | 貸方 | 金額 |
|---|---|---|---|
| A社株式 | 2,000 | 現金預金 | 2,000 |

A社株式を取得価額にて計上します。

## (3) 譲渡企業（A社）

取引当事者ではないため課税関係は生じません。

## Ⅳ 分社型吸収分割

### 前提

- A社はB社に対しA社の有するa事業を分社型吸収分割により譲渡します。
- A社は会社分割の対価としてB社より現金500を受領します。
- a事業諸資産：300（時価400）
- a事業諸負債：80（時価80）
- 会社分割にかかる諸手数料は考慮しません。

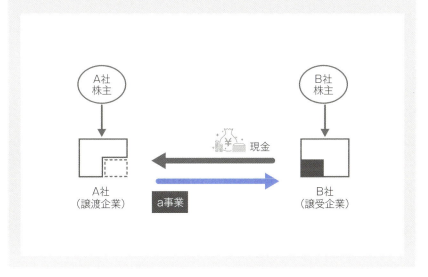

## 会計

### 1．譲渡企業（A社）

| 借方 | 金額 | 貸方 | 金額 |
|---|---|---|---|
| a事業諸負債 | 80 | a事業諸資産 | 300 |
| 現金預金 | 500 | 移転損益 | 280 |

　分社型吸収設分割により、現金のみを受取対価として子会社や関連会社以外へ事業を移転した場合、移転した事業にかかる株主資本相当額との差額は移転損益として計上します（分離基10（1）、16）。

### 2．譲受企業（B社）

| 借方 | 金額 | 貸方 | 金額 |
|---|---|---|---|
| a事業諸資産 | 400 | a事業諸負債 | 80 |
| のれん | 180 | 現金預金 | 500 |

　当該吸収分割は取得となるため、取得原価は、譲り受けた資産および負債の譲受時点の時価を基礎として計上します（結合基28）。

　なお、取得した事業にかかる時価純資産相当額（400 － 80 ＝ 320）と支払対価（500）との差額は、のれんとして計上し、20年以内のその効果の及ぶ期間にわたって、定額法その他の合理的な方法により規則的に償却します（結合基32）【2－2】。

のれん償却の仕訳（償却年数が10年の場合）

| 借方 | 金額 | 貸方 | 金額 |
|---|---|---|---|
| のれん償却費 | 18 | のれん | 18 |

### 3．譲渡企業（A社）株主および譲受企業（B社）株主

　取引当事者ではないため仕訳は生じません。

## 税務

### 1．譲渡企業（A社）

| 借方 | 金額 | 貸方 | 金額 |
|---|---|---|---|
| a事業諸負債 | 80 | a事業諸資産 | 300 |
| 現金預金 | 500 | 譲渡益 | 280 |

　本スキームは現金対価のため、税務上は原則的な取扱い（非適格分割）となり、含み損益が顕在化します（法法62①）。

### 2．譲受企業（B社）

課税関係は生じません。

| 借方 | 金額 | 貸方 | 金額 |
|---|---|---|---|
| a事業諸資産 | 400 | a事業諸負債 | 80 |
| 資産調整勘定 | 180 | 現金預金 | 500 |

　非適格分割のため、B社は、A社から受け入れた事業の資産および負債をそれぞれ時価で計上します。

　分割対価の額（500）のうち、譲渡企業から移転を受けた時価純資産価額（400－80＝320）を超える部分については、税務上ののれんである資産調整勘定として計上し、会計処理にかかわらず、60ヵ月で償却し損金算入することになります（法法62の8①④）【2－2】。

### 3．譲渡企業（A社）株主および譲受企業（B社）株主

取引当事者ではないため課税関係は生じません。

## 8. 事業譲渡と会社分割の比較

　前述の通り、事業譲渡と会社分割はその特徴が表裏の関係になっています。次の図表は、これら2つの手法の特徴を比較したものです。事業譲渡のメリットは会社分割のデメリットと対応関係になっており、会社分割のメリットは事業譲渡のデメリットと対応関係になっていることがわかります。

|  | メリット | デメリット |
| --- | --- | --- |
| 事業譲渡 | 1 債権者保護手続等もなく、会社法上求められる手続きが少ないため、個別承継するものの数が少ない場合には短期間で実行できる<br>2 簿外債務の承継リスクを遮断できる | 1 個々の資産・負債・契約関係等を個別承継することから承継事務が煩雑になりやすい<br>2 従業員の承継にも個別の同意を得る必要がある<br>3 許認可を引き継げない<br>4 消費税の課税の可否判断が必要となり、対象資産次第で消費税の金額が多額となる場合もある<br>5 不動産取得税は原則通り |
| 会社分割 | 1 分割事業に関する資産・負債・権利義務を包括的に承継できる<br>2 労働契約承継法の定めにより労働者を承継できる<br>3 許認可を引き継げる場合もある<br>4 消費税の課税対象外取引となる<br>5 不動産取得税が一定の要件のもと非課税となる（非課税とならなければ原則通り） | 1 債権者保護手続等の会社法上の手続を多く要するため、1ヵ月半程度の期間を要する<br>2 簿外債務の承継リスクがある |

1-2-3 会社分割

**関連論点** 会社分割時の分割法人の減価償却費

会社分割を行う場合、分割法人における期中の減価償却費（期首～分割効力発生日の前日）の税務上の取扱いは次のとおりです。

（1）適格分割（分社型、分割型いずれも）

分割法人が、分割の日以後2ヵ月以内に「適格分割等による期中損金経理額等の損金算入に関する届出書」を税務署に提出することで、損金処理が可能となります。

（2）非適格分割（分社型、分割型いずれも）

損金処理が可能と考えられます。減価償却費として処理しない場合には、譲渡原価が同額分大きくなり、結果として減価償却費を計上する場合と同額の損金処理を行うことになります。

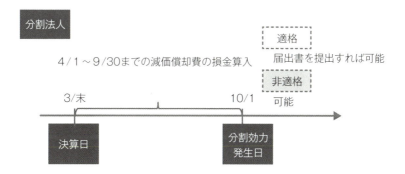

## 1-2-4 株式交換

**point**
- 「切り出す」「ぶらさげる」を実現
- 親会社、子会社の法人格はそのままに100％親子関係を生じさせる
- 株式対価で実行する場合は、株式交換後の株主構成に留意が必要

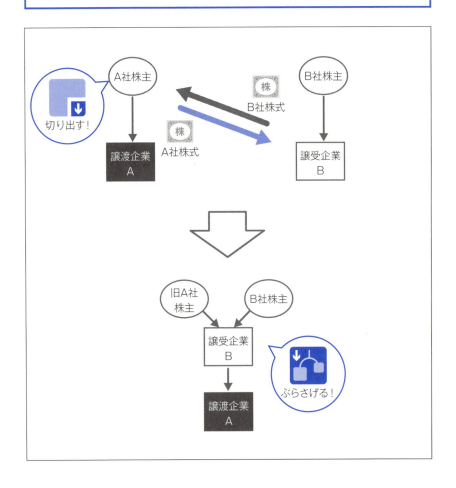

## 1. 譲渡側の視点　株式保有により支配している会社を「切り出す」

### （1）概要など

　株式交換は、端的に言えば2つの会社に100％の親子関係を生じさせるM&A手法です。後述の株式移転とともに、持株会社を作る手法として活用が可能です。法的には、子会社となる対象会社がその発行済株式の全部を親会社となる譲受企業に取得させることで100％親子関係を生じさせる行為を指します（会2三十一）。組織再編手法の中で比較すると、会社分割や後述の合併が資産等を移転させる手法であるのに対し、株式交換は株主が移動することにより法人の支配権を移転させる手法になります。

　譲渡側の視点から株式交換をツールとして捉えると、株式譲渡と同様に対象会社（株主が法人の場合は子会社）を「切り出す」M&A手法のひとつといえます。対象会社自体がそのままの状態である（法人格が維持される）ことから、M&A実行による対象会社自体への影響が比較的少ない手法です。

### （2）税務上の取扱い

#### ① 対象会社

　株式交換は組織再編税制の手法のひとつであることから、原則は時価移転であるものの税制適格要件【2－1】を満たすことで簿価移転となり課税関係が生じません。

##### ㋐ 非適格組織再編

　税制適格要件を満たさない場合は時価移転となりますが、このとき、対象会社が保有する資産のうち一定のものについて時価評価することになります。子会社となる対象会社は法人格を保ったまま移転するにも関わらず対象会社自体に（その保有資産に）含み損益課税が生じるのは、同じ組織再編手法である会社分割や合併と一定の整合性を取っていることによるものです。株式交換と株式移転【1－2－5】ならではの特徴的な取扱いといえるでしょう（時価評価に伴う営業権の取扱いについては【2－2関連論点】）。

##### ㋑ 適格組織再編

　株式交換の対価が株式のみである等の税制適格要件を満たしていれば「移転資産等に対する支配の継続」が見込まれ、簿価移転となり課税関係が生じ

ないこととなります。実務上は税制適格要件を満たして簿価移転となるケースが比較的多くみられます【2−1】。
② 対象会社株主

株式交換については、子会社となる対象会社だけではなく、株式を交換する対象会社株主にも課税関係が生じることがあります。対象会社株主の課税については、株式交換の対価が現金等（株式以外の資産）であれば投資の清算として譲渡損益が認識・計上されることとなります。株式交換の対価が株式のみであった場合、株主は自分の保有する対象会社の株式と親会社となる譲受企業の株式を交換するだけで担税力がない（税金を支払う能力がない）ため、課税が生じない取扱いとなっています。

株式交換により子会社となる対象会社を「株式交換完全子法人」といいます。

## 2．譲受側の視点　子会社として「ぶらさげる」

### （1）概要など

譲受企業から見た場合、株式交換は対象会社の完全な支配権を獲得したうえで、株式譲渡と同様に傘下に「ぶらさげる」M&A手法といえます。株式交換により、対象会社の法人格に変化を生じさせず資本関係により譲受企業のグループ内に取り込むことになります。チェンジ・オブ・コントロール条項【1−2−1の2】が付されている契約を除き、原則として従業員との雇用関係や取引先等との契約関係など社内外の利害関係者との法的な関係や取得している許認可に影響が及ぶことがないため、比較的スムーズな実行が可能といえます。ただし、親会社となる譲受企業にとっては、グループとして簿外債務などのリスクも間接的に引き継ぐことになる点に留意が必要です。また、対価を株式として株式交換を実行した場合には譲受企業の株主に対象会社の旧株主が流入してしまうことから、譲受企業の企業運営に支障を来すことも想定される点に留意が必要です。

譲受企業は親会社として、100％子会社となる対象会社をコントロールして一体経営を行います。中小企業M&Aにおいては登場頻度が多いとはいえませんが、会社法の手続により株式の強制取得が可能であるため対象会社の

株主が多い場合にスクイーズアウト【2−10】の一手法として採用するケースや、譲受企業が上場会社である場合等に用いるケースがあります。

なお、平成29年度税制改正で、発行済株式の3分の2以上を保有する子会社との株式交換については株式交換対価が株式ではなく現金等であっても金銭等不交付要件に抵触しない（その他の要件を満たすことで税制適格要件を充足する）こととなりました。従前より株式交換はスクイーズアウトの一手法として用いられることがありましたが、税制整備を追い風に今後は活用場面がより一層増えることが想定されます。

会社分割や後述の合併と異なり、株式交換は子会社となる対象会社はそのままの状態で（法人格を維持した状態で）その株式を取得する行為であるため、原則として親会社となる譲受企業への権利義務の承継は生じません。

### （2）譲受側＝上場会社であるケースが一般的

前述のとおり株式交換の譲受側は上場会社であるケースが一般的です。これは、上場会社であれば株式交換の対象物である株式を受け取った対象会社の旧株主が株式市場で株式を売却でき、またその時価が株式市場により存在することから、自社の株式価値の算定が比較的容易であるためです。もしも譲受側が未上場会社の場合、譲受側においても交換する株式の時価の調査等が必要になり、手続が煩雑になりがちです。今日では、上場会社が自己株式を活用したM&A手法として株式交換を用いるケースも多く見られます。

株式交換により親会社となる譲受企業を「株式交換完全親法人」といいます。

## 3.手続

### （1）概要

株式交換の手続は【2−3】のフローチャートのとおりです。前述の会社分割と同様、平行していくつかの手続を進めます。これら一連の手続について、1ヵ月〜1ヵ月半の期間で実行することが可能です。次の（2）で言及しているとおり債権者保護手続が不要となるケースが多いものの、株式交換に反対する株主の株式買取請求の機会などを設けており、相応の期間を要します。

## （2）債権者保護手続

株式交換完全親法人および株式交換完全子法人にかかる一定の債権者については、当該債権者の権利を保護する目的で異議の申し立てが認められており、このような債権者を保護するための手続が定められています。

ただし、株式交換では、株式を対価として実行する場合には債権者保護手続が不要となります。これは、株式交換は完全子法人となる対象会社自体がそのままの状態である（法人格が維持される）ことからその債務は親会社等の他の会社に引き継がれることがなく、また、完全親法人においても株式交換の対価が株式であれば財産が流出することはないためです。

なお、次の場合には債権者保護手続が生じます（会789、799）【1－2－3の5．（2）】。

① 完全親法人株式（およびこれに準ずるもの）以外のものを交換対価とする場合
　→　完全親法人側で債権者保護手続
② 完全親法人が完全子法人の新株予約権付社債を承継する場合
　→　完全親法人、完全子法人ともに債権者保護手続

## （3）反対株主の株式買取請求

債権者と同様、株主の権利についても保護するための手続が定められています。株式交換に反対する株主がいる場合、その株主は会社に対して保有する株式の買取請求を行うことができます。株式交換完全親法人および株式交換完全子法人は効力発生日の20日前までに、株主に対する通知を行うことが要求されます。反対株主は、効力発生日の20日前から効力発生日の前日までの間に買取請求手続を行うことが必要です（会785、797）。

## （4）株主総会を要しないケース

① 簡易株式交換

株式交換の対価が株式交換完全親法人の純資産の5分の1を超えない等の一定の要件を満たす場合は簡易株式交換に該当し、株式交換完全親法人の株主総会決議は不要です。簡易に該当する場合においては、反対株主の株式買取請求権は生じません（会796②、797①）。

② 略式株式交換

議決権の90％以上を保有されている会社の間で株式交換を行う等の一定の要件を満たす場合は略式株式交換に該当し、支配されている側の会社の株主総会決議は不要となります。親子関係の子会社側では株主総会の承認が確実であることから、子会社では株主総会決議を要しないということです（会784①、796①）。

## 4.その他論点（諸税等）

### （1）消費税

株式交換は株主の移動により法人の支配権を移転させる手法であることから、株式交換完全子法人株主と株式交換完全親法人の取引について消費税の課税関係を考慮することになります。譲渡企業株主（株式交換完全子法人株主）が株式交換により譲受企業（株式交換完全親法人）に対象会社株式を渡す行為は、消費税法上は有価証券の譲渡と整理されていることから非課税取引として取り扱われます。株式譲渡と同様、法人株主が株式を譲渡する場合、非課税取引は課税売上割合に影響を及ぼす点に留意が必要です。ただし、課税売上割合の計算において、譲渡対価の5％相当額のみを含めることになっており相応の政策的な配慮がなされています（消法6、別表第一二、消令48⑤）。

前述のとおり、株式交換の対価が株式のみであれば譲渡損益が認識されず、完全子法人株式の株式交換の直前の帳簿価額が完全親法人株式の取得価額となりますが、消費税では、上記の課税売上割合の計算における譲渡対価は株式交換の実行時の時価を用いることになるため留意が必要です。

### （2）印紙税

印紙税法に株式交換契約書にかかる規定は存在しないことから、印紙税の課税は生じません。

### （3）登録免許税など

株式交換では、資本金の増加が生じた場合には増加資本金の額の0.7％（最低3万円）の登録免許税がかかります。

なお、会社分割等と異なり株式交換は対象となる譲渡企業がそのままの状

態であり資産の移転が生じないことから、不動産移転にかかる登録免許税および不動産取得税の課税は生じません【2－6】。

　株式交換は完全子法人株主に対する課税売上割合への影響を除けば、消費税および流通税の影響が比較的少ないM&A手法といえます。

1-2-4 株式交換

# 5.会計処理、課税関係イメージ

## Ⅰ 株式対価、適格株式交換

### 前提

- 譲渡企業（A2社：株式交換完全子法人）が譲受企業（B社：株式交換完全親法人）と株式交換を実施します。
- 各社の情報

　A2社…未上場会社、発行済株式総数100株、A1社の完全子法人

　　　　A1社におけるA2社株式の簿価100

　B社…上場会社、発行済株式総数100,000株

- 譲渡企業（A2社）の株式交換効力発生日前日の貸借対照表は以下のとおり（括弧の金額は時価）です。

| 借方 | 金額 | 貸方 | 金額 |
|---|---|---|---|
| 諸資産 | 1,000<br>(1,200) | 諸負債 | 400<br>（400） |
|  |  | 資本金 | 100 |
|  |  | 資本剰余金 | 100 |
|  |  | 利益剰余金 | 400 |
| 計 | 1,000 | 計 | 1,000 |

- 株式交換の概要

　（イ）　株式交換の対価として、B社はA1社にB社株式を交付します。

　（ロ）　株価算定の結果、A2社の株価は@15、B社の株価は@30と算定され、交換比率は1:0.5（A2社株式1株に対し、B社株式を0.5株交付）となり、これにより、交付した株式の時価総額は1,500（@30×100株×0.5）となります。

- 株式を取得するために要した費用は考慮しません。
- 当該株式交換は会計上「取得」と判定されるものとします。
- 当該株式交換は共同事業要件を満たし、税制適格要件を充足します（適格株式交換）。

1-2-4 株式交換

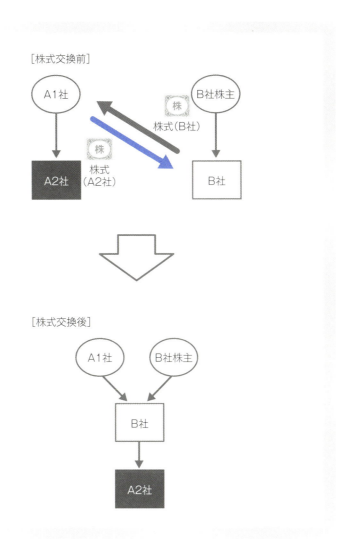

## 会計

### 1．譲渡企業（A2社）株主（A1社）

| 借方 | 金額 | 貸方 | 金額 |
|---|---|---|---|
| B社株式 | 1,500 | A2社株式 | 100 |
|  |  | 交換損益 | 1,400 |

　前提より会計上「取得」と判定されるため、A2社株式への投資が清算されたと判定し、A2社株式の消滅を認識し、交付されたB社株式を時価で計上します。差額は損益として計上します（分離基23、38）。

### 2．譲受企業（B社）

| 借方 | 金額 | 貸方 | 金額 |
|---|---|---|---|
| A2社株式 | 1,500 | 払込資本 | 1,500 |

　A2社株式は、交付した譲受企業株式の株式交換効力発生日における時価（1,500）により算定します（結合指37、38、110）。

　B社の払込資本の内訳は、会社法の規定に基づき決定します（結合指111、会計規39②③）。なお、本設例のように株式交換の対価がすべて新株である場合は、資本金または資本準備金として処理しなければなりません（会計規39②）。

### 3．譲渡企業（A2社）および譲受企業（B社）株主

　取引当事者でないため仕訳は生じません。

1-2-4 株式交換

## 税務

### 1．譲渡企業（A2社）株主（A1社）

課税関係は生じません。

| 借方 | 金額 | 貸方 | 金額 |
|---|---|---|---|
| B社株式 | 100 | A2社株式 | 100 |

株式交換の対価が株式のみである場合、A2社株式の簿価譲渡となり課税関係が生じないこととなります（法法61の2⑨、法令119①九）。

### 2．譲受企業（B社）

課税関係は生じません。

| 借方 | 金額 | 貸方 | 金額 |
|---|---|---|---|
| A2社株式 | 100 | 資本金等の額 | 100 |

譲受企業において計上する完全子法人株式の金額は、完全子法人の適格株式交換直前の株主数に応じて以下のとおりです。

・50名以上である場合

完全子法人の税務上の簿価純資産価額に基づいた金額（取得をするために要した費用がある場合には、その費用の額を加算）（法令119①十ロ）

・50名未満である場合

完全子法人の各株主の取得価額の合計額（取得をするために要した費用がある場合には、その費用の額を加算）（法令119①十イ）

本設例では、「50名未満である場合」に該当するため、B社は、A2社株式を100で認識し、資本金等の額を同額にて認識します。

### 3．譲渡企業（A2社）

税制適格要件を満たしており簿価移転となるため課税関係は生じません。

### 4．譲受企業（B社）株主

取引当事者ではないため課税関係は生じません。

## Ⅱ 現金対価、非適格株式交換

### 前提

・譲渡企業（A2社：株式交換完全子法人）が譲受企業（B社：株式交換完全親法人）と株式交換を実施します。
・各社の情報
　A2社…未上場会社、発行済株式総数200株、A1社の完全子法人
　　　　A1社におけるA2社株式の簿価200
　B社…上場会社、発行済株式総数150,000株

・譲渡企業（A2社）の株式交換効力発生日前日の貸借対照表は以下のとおり（括弧の金額は時価）です。

| 借方 | 金額 | 貸方 | 金額 |
|---|---|---|---|
| 諸資産 | 2,000<br>(2,200) | 諸負債 | 400<br>(400) |
|  |  | 資本金 | 200 |
|  |  | 資本剰余金 | 200 |
|  |  | 利益剰余金 | 1,200 |
| 計 | 2,000 | 計 | 2,000 |

・株式交換の概要
　（イ）株式交換の対価として、B社はA1社に現金を交付します。
　（ロ）株価算定の結果、A2社の株価は@15と算定され、交付した現金の総額は3,000（@15×200株）となります。
・株式を取得するために要した費用は考慮しません。
・当該株式交換は会計上「取得」と判定されるものとします。
・当該株式交換は現金対価のため、税制適格要件を満たしません（非適格株式交換）。

1-2-4　株式交換

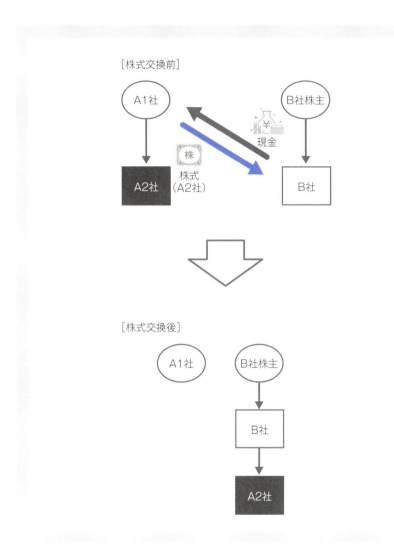

## 会計

### 1．譲渡企業（A2社）株主（A1社）

| 借方 | 金額 | 貸方 | 金額 |
|---|---|---|---|
| 現金預金 | 3,000 | A2社株式 | 200 |
|  |  | 交換損益 | 2,800 |

　前提より会計上「取得」と判定されるため、A2社株式への投資が清算されたと判定し、A2社株式の消滅を認識し、対価として受領した現金の額を計上します。差額は損益として計上します（分離基16、35）。

### 2．譲受企業（B社）

| 借方 | 金額 | 貸方 | 金額 |
|---|---|---|---|
| A2社株式 | 3,000 | 現金預金 | 3,000 |

　B社は、現金対価としているため、増加すべき株主資本は生じません。株式譲渡により株式を譲り受けたときと同様の会計処理となります（結合指36、44、110、113）。

### 3．譲渡企業（A2社）および譲受企業（B社）株主

　取引当事者ではないため仕訳は生じません。

## 税務

### 1．譲渡企業（A2社）株主（A1社）

| 借方 | 金額 | 貸方 | 金額 |
|---|---|---|---|
| 現金預金 | 3,000 | A2社株式 | 200 |
|  |  | 譲渡益 | 2,800 |

　株式交換の対価が現金（株式以外の資産）である場合、A2社株式の時価譲渡となり譲渡損益を計上することとなります（法法61の2①）。

### 2．譲受企業（B社）

　課税関係は生じません。

| 借方 | 金額 | 貸方 | 金額 |
|---|---|---|---|
| A2社株式 | 3,000 | 現金預金 | 3,000 |

　非適格株式交換が行われた場合、株式交換完全親法人の取得する株式交換完全子法人株式の取得価額は時価となります（法令119①二十七）。本設例では、B社は、A2社株式を支払った現金の額（3,000）で認識します。

### 3．譲渡企業（A2社）

| 借方 | 金額 | 貸方 | 金額 |
|---|---|---|---|
| 諸資産 | 200 | 評価益 | 200 |

　非適格株式交換の場合、株式交換の直前に有する一定の資産※について時価評価を行うこととなります（法法62の9①）。

> ※　本設例における諸資産は時価評価を行う一定の資産に該当するものとします【2－1の2（3）】。

### 4．譲受企業（B社）株主

　取引当事者ではないため課税関係は生じません。

# 1-2-5 株式移転

**point**

- 「切り出す」「ぶらさげる」を実現
- 持株会社をつくりグループ経営を行うことを可能にする
- 原則として株式対価で実行するため、債権者保護手続が不要

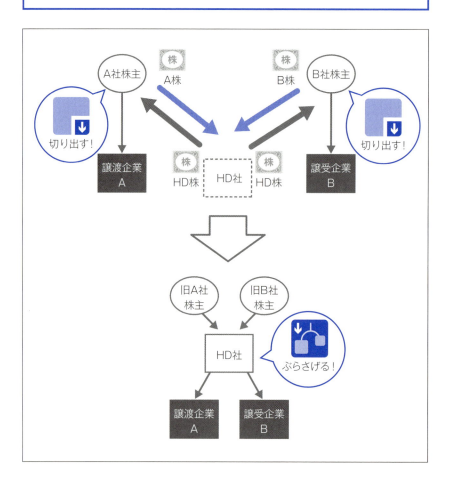

## 1. 譲渡側・譲受側の視点　株式保有により支配している会社を「切り出す」とともに持株会社設立により「ぶらさげる」

**（1）概要など**

　株式移転は、持株会社を新しく設立する形で100％の親子関係を生じさせ企業グループを作るM&A手法です（会2三十二）。株式交換・株式移転はいずれも完全親子関係を生じさせる行為ですが、株式交換は株式等の受け渡しをする対象が既に存在する会社である点で異なります。

　組織再編手法の中で比較すると、株式移転も株式交換と同じく株主が移動することにより法人の支配権を移転させる手法といえます。よって、基本的な考え方や会計・税務上の取扱いなど、共通する点が多く見られます。株式移転には、ひとつの会社が行う株式移転＝単独株式移転と、2つ以上の会社が行う株式移転＝共同株式移転があります。M&A手法としては、2つ以上の会社が持株会社を新しく設立してその下にぶらさがる共同株式移転がメインになります。

　譲渡側と譲受側の関係に着目すると、株式移転は設立する持株会社の下にそれぞれの会社がぶらさがり横の関係になることから、株式譲渡や株式交換と比べてより対等な立ち位置が強調されるM&A手法といえるでしょう。譲渡側・譲受側の関係というよりは、複数の会社が共同で企業グループを作るイメージです。株式移転をツールとして捉えると、譲渡側・譲受側が一緒になってお互いの会社を「切り出す」「ぶらさげる」M&A手法といえます。このとき、ぶらさがる会社自体がそのままの状態である（法人格が維持される）ことから、チェンジ・オブ・コントロール条項【1－2－1の2】が付されている契約を除き、原則として従業員との雇用関係や取引先等との契約関係など社内外の利害関係者との法的な関係や取得している許認可に影響が及ぶことがありません。また、株式移転は、原則として親会社となる譲受企業への権利義務の承継は生じません。

　株式移転はM&A実行による対象会社自体への影響が比較的少ない状態で企業グループを作ることができる手法といえます。ただし、株式移転ではグループとして傘下にぶらさがる会社の簿外債務などのリスクを間接的に引き

継ぐことになる点に留意が必要です。また、対価を株式として株式移転を実行した場合には、譲渡側および譲受側双方の旧株主が持株会社の株主となることから、グループとしての企業運営の中で思わぬ対立が生じることも想定される点に留意が必要です。

中小企業M&Aにおいては登場頻度が多いとはいえませんが、複数の会社が共同でグループ経営に移行するといったニーズがある場合に有効なツールです。

### (2) 税務上の取扱い

#### ① 対象会社

株式移転は組織再編税制の手法のひとつであることから、原則は時価移転であるものの一定の要件（税制適格要件【2－1】）を満たすことで簿価移転となり課税関係が生じません。

#### ⑦ 非適格組織再編

税制適格要件を満たさない場合は時価移転となりますが、このとき、対象会社が保有する資産のうち一定のものについて時価評価することになります。子会社となる対象会社は法人格を保ったまま移転するにも関わらず対象会社自体に（その保有資産に）含み損益課税が生じるのは、株式交換同様、他の組織再編手法である会社分割や合併と一定の整合性を取っていることによるものです。

#### (イ) 適格組織再編

株式移転の対価が株式のみである等の税制適格要件を満たしていれば「移転資産等に対する支配の継続」が見込まれ、簿価移転となり課税関係が生じないこととなります。実務上は、第三者同士であっても共同事業要件の税制適格要件を満たして簿価移転となるケースが比較的多くみられます【2－1】。

#### ② 対象会社株主

株式移転は、子会社となる対象会社だけではなく、株式を移転する対象会社株主にも課税関係が生じることがあります。ただし、対象会社株主に課税が生じるケースは実務的には考慮不要と考えてよいでしょう。株式移転の対

価が株式以外の資産であれば投資の清算として譲渡損益が認識・計上されることとなりますが、そもそも当該手法の目的を考えると株式対価となることが一般的です。株式移転の対価が株式のみであった場合、株主は自分の保有する対象会社の株式と親会社となる持株会社の株式を交換するだけで担税力がない（税金を支払う能力がない）ため、課税が生じない取扱いとなっています。

株式移転により子会社となる会社を「株式移転完全子法人」、親会社となる新設の持株会社を「株式移転完全親法人」といいます。

## 2. 手続

### （1）概要

株式移転の手続は【2-3】のフローチャートのとおりです。前述の株式交換と同様、平行していくつかの手続を進めることになります。これら一連の手続について、1ヵ月～1ヵ月半の期間で実行することが可能です。次の（2）で言及しているとおり債権者保護手続が不要となるケースが多いものの、株式移転に反対する株主の株式買取請求の機会などを設けており、相応の期間を要します。

### （2）債権者保護手続

株式移転も株式交換と同じイメージで、完全子法人となる対象会社自体がそのままの状態（法人格が維持される）でありその債務が親会社等の他の会社に引き継がれないことから、株式を対価として実行する場合には債権者保護手続が不要です。ただし、完全親法人が完全子法人の新株予約権付社債を承継する場合には、完全子法人において債権者保護手続が必要となります（会810）。

### （3）反対株主の株式買取請求

債権者と同様、株主の権利についても保護するための手続が定められています。株式移転に反対する株主がいる場合、その株主は会社に対して保有する株式の買取請求を行うことができます。株式移転完全子法人は株式移転計画にかかる株主総会の承認決議の日から2週間以内に株主に対する通知を行

うことが要求されます。反対株主は、株主への通知の日から20日以内に買取請求手続を行うことが必要です（会806）。

### （4）簡易株式移転など

株式移転はその実行までは完全親法人となる会社が存在しないため、略式組織再編・簡易組織再編いずれも規定がありません。

## 3. その他論点（諸税等）

### （1）消費税

株式交換と同様、株式移転完全子法人株主と株式移転完全親法人の取引について消費税の課税関係を考慮することになります。譲渡企業株主（株式移転完全子法人株主）が株式移転により株式移転完全親法人に譲渡企業株式を渡す行為は、消費税法上は有価証券の譲渡と整理されていることから非課税取引として取り扱われます【1－2－4の4．（1）】。

### （2）印紙税

印紙税法に株式移転計画にかかる規定は存在しないことから、印紙税の課税は生じません。

### （3）登録免許税など

株式移転では、資本金の増加が生じた場合には増加資本金の額の0.7％（最低15万円）の登録免許税がかかります。

株式交換と同様、株式移転においても不動産移転にかかる登録免許税および不動産取得税の課税は生じません【2－6】。

株式移転は完全子法人株主に対する課税売上割合への影響を除けば、消費税および流通税の影響が比較的少ないM&A手法といえます。

## 4. 会計処理、課税関係イメージ

### Ⅰ 単独株式移転

**前提**

・A社が単独株式移転により完全親法人（HD社）を設立します。
・A社の株主資本：100（資本金10、利益剰余金90）
・A社株式の取得原価：10
・A社株主が受け取る株式移転の対価はHD社株式のみとします。
・当該株式移転は、HD社とA社の完全支配関係の継続が見込まれ、税制適格要件を満たします（適格株式移転）。

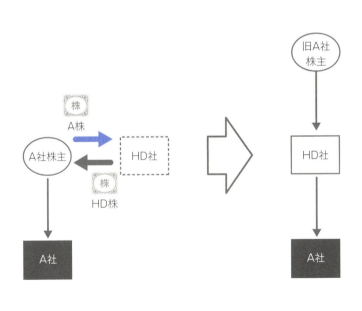

## 会計

A社が単独株式移転により完全親法人(HD社)を設立した場合の会計処理は次のようになります。

### 1．完全親法人(HD社)

子会社株式の取得原価は、株式移転の効力発生日前日における株式移転完全子法人の適正な帳簿価額による株主資本の額で計上します(結合指258、239)。なお、重要な差異がない場合には直前の決算日における払込資本の額によることも許容されています(結合指121)。

| 借方 | 金額 | 貸方 | 金額 |
|---|---|---|---|
| A社株式 | 100 | 払込資本 | 100 |

増加すべき払込資本の内訳(資本金、資本準備金またはその他資本剰余金)は会社法の規定に基づいて決定します(結合指258、239、会計規52)。

本設例のようなケースでは、A社株式の計上額の範囲内で株式移転計画の定めにより会計処理を行うことになります。

### 2．A社株主

株主は株式移転の対価としてHD社株式のみを受け取るため、投資が継続しているとみなされます。そのため対価として受け取る完全親法人株式は、完全子法人株式の適正な帳簿価額に基づいて算定します(分離基32)。

| 借方 | 金額 | 貸方 | 金額 |
|---|---|---|---|
| HD社株式 | 10 | A社株式 | 10 |

### 3．完全子法人(A社)

取引当事者ではないため仕訳は生じません。

1-2-5 株式移転

## 税務

### 1．完全親法人（HD社）

課税関係は生じません。

| 借方 | 金額 | 貸方 | 金額 |
|---|---|---|---|
| A社株式 | 10 | 資本金等の額 | 10 |

　A社株主の取得価額（10）を引き継ぎます。また、取得に要した費用がある場合には、当該費用の額を加算した金額が取得価額となります。

　なお、完全子法人に株主が50人以上いる場合は、完全子法人株式の取得原価は完全子法人の簿価純資産で引き継ぎます。

　完全親法人（HD社）の増加資本金等の額は、取得した子会社株式（A社株式）の取得価額（10）となります。

### 2．A社株主

課税関係は生じません。

| 借方 | 金額 | 貸方 | 金額 |
|---|---|---|---|
| HD社株式 | 10 | A社株式 | 10 |

　株式移転の対価として完全親法人株式のみを受け取る場合、完全子法人株式にかかる課税関係は生じません（所法57の4②、法法61の2⑪）。結果として、完全親法人株式の取得原価は、当該株主の完全子法人株式の取得原価を引き継ぐこととなります。また、当該完全親法人株式の取得に要した費用がある場合には、当該費用の額を加算した金額が取得価額となります（所令167の7⑥、法令119①十一）。

### 3．完全子法人（A社）

税制適格要件を満たしており、簿価移転となるため課税関係は生じません。

## Ⅱ 共同株式移転

### 前提

・A社とB社で共同株式移転により完全親法人（HD社）を設立します。
・企業結合に関する会計基準に従い、取得企業はA社、被取得企業はB社と仮定します。
・当該株式移転は税制適格要件を満たします（適格株式移転）。
・株式移転直前のA社、B社の貸借対照表は以下のとおり（括弧の金額は時価）です。

（A社）

| 借方 | 金額 | 貸方 | 金額 |
| --- | --- | --- | --- |
| 諸資産 | 500 | 諸負債 | 700 |
| 土地 | 500 | 資本金 | 200 |
|  |  | 利益剰余金 | 100 |
| 計 | 1,000 | 計 | 1,000 |

（B社）

| 借方 | 金額 | 貸方 | 金額 |
| --- | --- | --- | --- |
| 諸資産 | 200 | 諸負債 | 100 |
| 土地 | 100<br>(150) | 資本金 | 100 |
|  |  | 利益剰余金 | 100 |
| 計 | 300 | 計 | 300 |

## 1-2-5 株式移転

・その他の前提は以下のとおりです。

| 会社 | A社 | B社 |
|---|---|---|
| 発行済株式数 | 200株 | 200株 |
| 株式移転比率 | A社：B社＝1：0.5 | |
| 株式交付 | A社株式1株に対しHD社株式1株 | B社株式1株に対しHD社株式0.5株 |
| 株主 | 1名 | 1名 |
| 株式の取得原価 | 200 | 100 |
| 株式価値 | 800 | 400 |
| 1株あたり時価 | @4 | @2 |

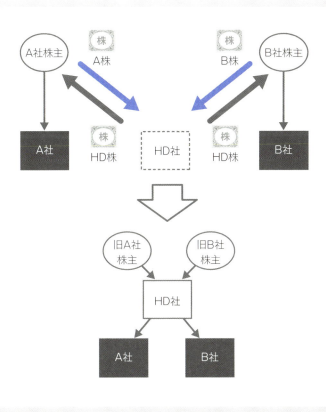

### 会計

2社が共同で持株会社を設立した場合、いずれかの会社を取得企業、被取得企業として処理を行う必要があり（結合基18）、いずれの企業を取得企業とすべきかについては詳細な定めがあります（結合基20）。本件については、A社を取得企業、B社を被取得企業としました（結合指120）。

**完全親法人（HD社）**

| 借方 | 金額 | 貸方 | 金額 |
|---|---|---|---|
| A社株式 | 300 | 払込資本 | 700 |
| B社株式 | 400 | | |

#### （1）A社株式

株式移転の効力発生日前日における株式移転完全子法人の適正な帳簿価額による株主資本の額で計上します（結合指258、239）。なお、重要な差異がない場合には直前の決算日における払込資本の額によることも許容されています（結合指121（1））。

#### （2）B社株式

取得の対価に付随費用を加算して算定します。取得の対価は、被取得企業の株主が株式移転完全親法人（HD社）に対する議決権比率と同じ比率を保有するのに必要な数の取得企業の株式を、取得企業が交付したものとみなして算定します（結合指121（2））。すなわち、株式移転比率の根拠となった両社の株式価値に基づいて算定することになります。

　HD社に対する議決権比率：200株×0.5÷（200株×1＋200株×0.5）＝33.3%
　交付したとみなされるA社株式：300株×33.3%×@4＝400（B社株式価値）

#### （3）払込資本

増加すべき払込資本の内訳（資本金、資本準備金またはその他資本剰余金）は会社法の規定に基づいて決定します（結合指258、239、会計規52）。

本設例のようなケースでは、A社株式とB社株式の合計額の範囲内で株式移転計画の定めにより会計処理を行うことになります。

## 1-2-5 株式移転

### 税務

当該株式移転は適格株式移転のため、税務上の取扱いは次のとおりです。

#### 1．完全親法人（HD社）

課税関係は生じません。

| 借方 | 金額 | 貸方 | 金額 |
| --- | --- | --- | --- |
| A社株式 | 200 | 資本金等の額 | 300 |
| B社株式 | 100 | | |

　A社株主の取得価額（200）、B社株主の取得価額（100）を引き継ぎます。また、取得に要した費用がある場合には、当該費用の額を加算した金額が取得価額となります。

　なお、完全子法人に株主が50人以上いる場合は、完全子法人株式の取得原価は完全子法人の簿価純資産で引き継ぎます。

　完全親法人（HD社）の増加資本金等の額は、取得した子会社株式（A社株式、B社株式）の取得価額の合計（300）となります。

#### 2．A社株主、B社株主

課税関係は生じません。

【A社株主】

| 借方 | 金額 | 貸方 | 金額 |
| --- | --- | --- | --- |
| HD社株式 | 200 | A社株式 | 200 |

【B社株主】

| 借方 | 金額 | 貸方 | 金額 |
| --- | --- | --- | --- |
| HD社株式 | 100 | B社株式 | 100 |

　株式移転の対価として完全親法人株式のみを受け取る場合、完全子法人株式にかかる課税関係は生じません（所法57の4②、法法61の2⑪）。結果として、完全親法人株式の取得原価は、当該株主の完全子法人株式の取得原価を引き継ぐこととなります。また、当該完全親法人株式の取得に要した費用

がある場合には、当該費用の額を加算した金額が取得価額となります（所令167の7⑥、法令119①十一）。

## 3．完全子法人（A社、B社）

税制適格要件を満たしており、簿価移転となるため課税関係は生じません。

---

**（参考）非適格株式移転の場合**

本設例において、非適格株式移転となる場合の税務上の取扱いは次のとおりです。

### 1．完全親法人（HD社）

課税関係は生じません。

| 借方 | 金額 | 貸方 | 金額 |
|---|---|---|---|
| A社株式 | 800 | 資本金等の額 | 1,200 |
| B社株式 | 400 | | |

完全親法人（HD社）において計上する完全子法人株式の金額は、当該完全子法人株式を取得するために通常要する価額（時価）とされています（法令119①二十七）。

完全親法人（HD社）の増加資本金等の額は、取得した子会社株式（A社株式、B社株式）の取得価額合計（1,200）となります。

### 2．A社株主、B社株主

課税関係は生じません。
【A社株主】

| 借方 | 金額 | 貸方 | 金額 |
|---|---|---|---|
| HD社株式 | 200 | A社株式 | 200 |

【B社株主】

| 借方 | 金額 | 貸方 | 金額 |
|---|---|---|---|
| HD社株式 | 100 | B社株式 | 100 |

　株式移転の対価として完全親法人株式のみを受け取る場合、非適格株式移転であっても完全子法人株式にかかる課税関係は生じません（所法57の4②、法法61の2⑪）。結果として、完全親法人株式の取得原価は、当該株主の完全子法人株式の取得原価を引き継ぐこととなります。また、当該完全親法人株式の取得に要した費用がある場合には、当該費用の額を加算した金額が取得価額となります（所令167の7⑥、法令119①十一）。

## ３．完全子法人（Ａ社）

　前提より資産の含み損益がないため、課税は生じません。

## ４．完全子法人（Ｂ社）

| 借方 | 金額 | 貸方 | 金額 |
|---|---|---|---|
| 土地 | 50 | 評価益 | 50 |

　非適格株式移転の場合、完全子法人となるＡ社、Ｂ社において、固定資産、土地等、有価証券、金銭債権および繰延資産について時価評価を行います（法法62の9、法令123の11）。ただし、帳簿価額が1,000万円に満たない資産、あるいは含み損益が資本金等の額の２分の１または1,000万円のいずれか少ない金額に満たない資産等は除きます。

## 1-2-6 合併

### point
- 「切り出す」「くっつける」を実現
- 一定の要件を満たすことで繰越欠損金の引継ぎが可能
- 株式対価で実行する場合は、合併後の株主構成に留意が必要

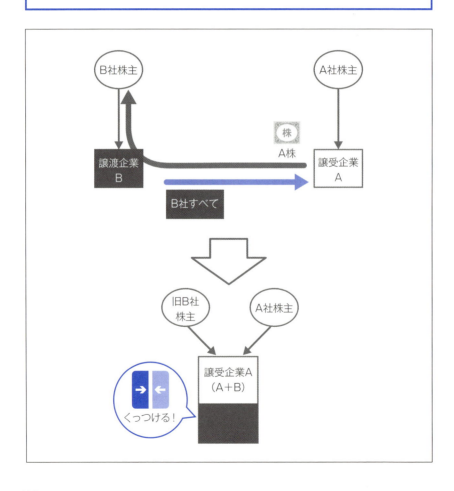

## 1. 譲渡側の視点　株式保有により支配している会社を「切り出す」

### （1）概要など

　合併は、端的に言えば2つ以上の会社をくっつけて1つの会社にするM&A手法です。合併には「新設合併」と「吸収合併」の二種類があります（会2二十七、二十八）。当事者となるすべての会社が消滅して合併により新しく設立される会社にその権利義務を承継させる新設合併は、新設会社設立に伴う事務手続が生じるほか、許認可の引継ぎなどに影響を及ぼすことがあるためM&A実務ではあまり用いられません。当事者となる会社の1つが存続する形で消滅するその他の会社の権利義務を承継する吸収合併の方が、いわゆる「合併」として一般的に用いられるM&A手法といえるでしょう。

　合併は、M&Aの名前の中に含まれており（Mergers and Acquisitions=合併と買収）、一般的に「M&Aといえば合併」というくらいに知名度が高いM&A手法です。ただし、多くの合併は企業グループ内での重複機能統合・解消といった経営効率化等を目的に行われており、第三者間のM&A手法としてはそれほど用いられることがありません。なぜなら、それまで別々に歩んできた会社が合併により突然ひとつの法人格に統合された場合、その企業文化の融合や社内規程の統一等に多大なエネルギーを要することが想定されるためです。これら統合作業は業務フローのみならず就業規則や給与規程を含む雇用条件、取引先との取引条件まで多岐に亘ります。

　譲渡企業の視点から合併をツールとして捉えると、事業を運営している法人がその全部の事業を法人ごと切り出すM&A手法といえます。切り出された譲渡企業は合併により消滅・解散し、その権利義務のすべてを合併の相手に承継させることとなります。

　合併のもうひとつの特徴として、合併当事者となる会社の繰越欠損金の引継ぎがあります。組織再編を含むM&A手法の中で、他の法人に繰越欠損金を引き継ぐことができる手法は合併のみです。一定の要件を満たした合併については、合併により消滅する譲渡企業が有する繰越欠損金を譲受企業に移転することが可能です。このとき、税務上で要求される要件をどれだけ満たすかにより引き継ぐことができる欠損金の額が変わってきます。また、消滅

する会社から繰越欠損金を引き継げるかどうかという論点だけではなく、合併時の状況によっては存続する会社の繰越欠損金に使用制限が生じる点についても留意が必要です【2－4】。

## (2) 税務上の取扱い
### ① 対象会社
　合併は組織再編税制に規定される手法のひとつであることから、他の組織再編と同様に原則は時価移転であるものの税制適格要件【2－1】を満たすことで簿価移転となり課税関係が生じません。

#### (ア) 非適格組織再編
　合併により消滅する法人の資産・負債と引き換えに現金などの対価を受け取った際に、当該資産・負債に含み損益があれば（簿価と時価に差額があれば）、消滅する法人の最後事業年度（譲渡企業の事業年度開始の日から合併の日の前日までを一事業年度とみなします。これが合併により消滅する譲渡企業の最後事業年度となります）に課税が生じます。

#### (イ) 適格組織再編
　合併の対価が株式のみである等の税制適格要件を満たしていれば簿価移転となり課税関係が生じないこととなります。税制適格要件を満たすことで「移転資産等に対する支配の継続」が見込まれるためです【2－1】。

### ② 対象会社株主
　合併では、消滅する譲渡企業だけではなく、その株主にも課税関係が生じることがあります。譲渡企業株主の課税については、株式譲渡損益とみなし配当の2つが挙げられます。

#### (ア) 株式譲渡損益（合併の対価が株式or株式以外）
　合併の対価が現金等（株式以外の資産）であれば投資の清算として譲渡損益が認識・計上されることとなります。合併の対価が株式のみであった場合、株主は自分の保有する譲渡企業株式と交付される譲受企業株式が入れ替わるだけで担税力がない（税金を支払う能力がない）ため、課税が生じない取扱いとなっています。

#### (イ) みなし配当（合併が適格or非適格）
　税制適格要件を満たさない場合には非適格合併となり、譲渡企業株主にみ

なし配当が生じます。これは、譲渡企業株主は譲渡企業が消滅するときに譲受企業株式等を交付されますが、これは発行法人である譲渡企業からの払い戻しとなり、税務上の資本金等の額を超える部分が払い戻された場合は実質的な配当すなわち「みなし配当」が認識されるためです。みなし配当については、個人株主の場合には総合課税となり税金負担が重くなるため注意が必要です【2-5の3（2）】。

### （3）包括承継

合併は、譲渡企業に関するすべての権利義務の「包括承継」が生じます。前述のとおり、資産・負債だけでなく第三者との法的な関係があわせて移転することになります。原則として、従業員との雇用契約や得意先・仕入先などの外部との契約などすべての契約等が承継されます（実務上は許認可の引継ぎなど一部例外があります。【1-2-3の5.（6）】）。

合併において消滅する法人を「被合併法人」「消滅法人」と呼びます。

## 2．譲受側の視点 「包括承継で」相手の会社をまるごと「くっつける」

### （1）概要など

譲受企業から見ると、合併は事業譲渡や会社分割と同様に「くっつける」M&A手法の1つとして活用することが可能です。なお、合併は他の手法と異なり相手の会社をまるごと取り込む形でくっつけることになります。

合併は前述のとおり会社分割と同様に「権利義務」を承継させる行為ですが、その権利義務の承継にあたり会社の消滅を伴うことから、譲受企業側ではその消滅する会社の権利義務の全部を包括承継することになります。合併により、譲受企業は実質的に譲渡企業を法人内部に取り込み一体となって事業運営します。

合併による取り込みは「包括承継」となり、譲渡企業と第三者との法的な関係を一定程度保った状態で実行することになります。会社分割と同様に、会社法の手続に則り法的な関係を包括的に引き継ぐことができる反面、（意図しない）第三者との関係が継続してしまい法的なリスクを十分に遮断できない事態が生じることがあります。包括承継の特徴を十分に考慮したうえで選択すべきM&A手法であるといえます。

## （2）税務上の取扱い

　合併は会社分割と同様に、原則的な取扱い（税制適格要件を満たさない＝非適格）として譲渡企業にかかる資産・負債を時価で受け入れます。その際、引き継ぐ資産・負債の時価とその支払う対価に差額がある場合に、譲受企業側に「税務上ののれん」（正ののれん＝資産調整勘定、負ののれん＝差額負債調整勘定。【2－2】）が計上されることがあります。税務上ののれんは課税所得にインパクトが生じる形で償却を行うため、状況により税務上のメリット・デメリットが生じます。一方で、その合併が税制適格要件を満たしていれば、引き継ぐ対象事業にかかる資産・負債を簿価で受け入れることになります。

　なお、平成29年度税制改正で、発行済株式の3分の2以上を保有する子会社との合併については合併対価が株式ではなく現金等であっても金銭等不交付要件に抵触しない（他の要件を満たせば税制適格要件を満たす）こととなりました。前述のとおり合併は中小企業M&Aの手法として活用場面が多いとはいえませんが、今後はスクイーズアウト【2－10】の一手法として適格合併が用いられる場面が増えることが想定されます。

　合併において、譲渡企業を承継する法人を「合併法人」「存続法人」と呼びます。

## 3. 手続

### （1）概要

　合併の手続は【2－3】のフローチャートのとおりです。平行していくつかの手続を進めることになります。これら一連の手続については、新設合併でも吸収合併でも同様に、1ヵ月半～2ヵ月弱の期間で実行することが可能です。すべての手続につきもれなく行うことが必要ですが、特に重要なのが債権者保護手続です。理由として、当該手続に要する時間が他の手続に比べて最も長く、全体スケジュールに及ぼす影響が大きいことが挙げられます。その他、合併に反対する株主の株式買取請求の機会などを設けており、債権者保護手続よりは短いものの相応の期間を要します。

## （2）債権者保護手続

合併にかかる一定の債権者については、当該債権者の権利を保護する目的で異議の申し立てが認められており、このような債権者を保護するための手続が定められています。

債権者保護手続は前述の会社分割と同様、① 官報公告と② 知れたる債権者への個別催告等の２つの手続で構成されています（会789、799、810）【１－２－３の５．（２）】。

## （3）反対株主の株式買取請求

債権者と同様、株主の権利についても保護するための手続が定められています。合併に反対する株主がいる場合、その株主は会社に対して保有する株式の買取請求を行うことができます。吸収合併の場合、合併法人および被合併法人は効力発生日の20日前までに、新設合併の場合、被合併法人は新設合併計画にかかる株主総会の承認決議の日から２週間以内に株主に対する通知を行うことが要求されます。反対株主は、吸収合併の場合は効力発生日の20日前から効力発生日の前日までの間に、新設合併の場合は通知の日から20日以内に買取請求手続を行うことが必要です（会785、797、806）。

## （4）株主総会を要しないケース

### ① 簡易合併

吸収合併の対価が合併法人の純資産の５分の１を超えない等の一定の要件を満たす場合は簡易合併に該当し、合併法人の株主総会決議は不要となります。簡易に該当する場合においては、反対株主の株式買取請求権は生じません（会796②、797①）。

### ② 略式合併

議決権の90％以上を保有されている会社との間で吸収合併を行う等の一定の要件を満たす場合は略式合併に該当します。親会社が90％以上の議決権を保有する子会社を吸収合併する場合（合併法人が被合併法人の議決権を90％以上保有している場合）、被合併法人側の株主総会決議は不要です。子会社側では株主総会の承認が確実であることから、親子関係の子会社側で株主総会決議が不要ということになります。上記と逆に子会社が親会社を吸収合併する場合においても原則として合併法人の株主総会決議は不要ですが、

合併対価が譲渡制限株式で合併法人が公開会社でない場合には、合併法人である子会社側で株主総会決議を省略することはできません。株式を対価とした逆さ合併の場合、多くのケースで該当する可能性があるため留意が必要です（会784①、796①）。

なお、新設合併については前述①②いずれの適用もありません。

### (5) 被合併法人の従業員にかかる雇用関係の承継

合併は包括承継であるため、被合併法人のすべての権利義務が合併法人に承継されます。その中で、被合併法人の従業員（＝労働者）の雇用関係についても合併契約により当然に合併法人に引き継がれることになります。合併の場合、切出対象事業にかかる従業員の雇用関係が引き継がれる会社分割と異なりすべての従業員が承継されることから、労働契約承継法の手続は適用されません。

合併により複数の雇用契約（労働契約、労働協約）が存在することになってしまうため、合併を実行する前に雇用契約の統一にかかる事前の同意を得ておく等の対応が多くみられます。円滑な会社の統合を実現するため、これら事前のやり取りについても誠実な姿勢を以って取り組むことが重要です。

## 4. 許認可

許認可が引き継げなければM&Aの目的は達成できません。合併は包括承継ですが、許認可については特段の注意が必要です。包括承継の法的な立て付けに関わらず、実務上は何らかの手続が生じるケースが一般的です。組織再編を用いたM&Aにおいて、許認可の引継ぎは業種ごとにかなり手続が異なります。届出のみでほぼ手続なしで引き継げるものからゼロベースで再取得の手続を要求されるものまで様々です【1－2－3の5．(6)】。

## 5. その他論点（諸税等）

### (1) 消費税

合併は消費税の課税対象外取引であるため、不課税となり消費税はかかりません（消法2①八、消令2①四）。

なお、合併を実行した場合、消費税の課税事業者判定において特例が設け

られているため留意が必要です。消費税の課税事業者に該当するかどうかの判定にあたっては、原則として基準期間（判定する事業年度の前々事業年度）の課税売上高に基づき判定を行います。その際、基準期間がない新設法人については事業年度開始日の資本金の額が1,000万円以上でない限り消費税の納税義務が免除されます。ただし、合併を実行した場合にこれら原則的な取扱いで判定を行うと、免税事業者による吸収合併を実行すること等により意図的に消費税の納税義務を免れることが可能となってしまいます。よって、合併に伴い消費税の課税事業者に該当するかどうかを判定する場合、被合併法人の基準期間の課税売上高を加味する等の方法により判定を行うことになっています（消法9、消法9の2、消法11、消法12の2）。

## （2）印紙税

合併の印紙税は、吸収合併契約書および新設合併計画書について一律4万円となります。なお、合併契約の内容を変更・補充するものは印紙税の課税文書として取り扱われますが、会社法で合併契約に定めることとして規定されていない事項についてのみ変更・補充する文書は印紙税がかかりません（印紙税法別表第一、印紙税法基本通達第5号文書4）。

## （3）登録免許税など

合併では、①合併法人側と②被合併法人側でそれぞれ登録免許税がかかります。①は増加資本金の額の0.15％（最低3万円。なお、被合併法人の資本金の額を超過する部分については0.7％）が課税され、登記が行われます。②は3万円が課税され、合併による消滅の登記が行われます。

その他、被合併法人が不動産を所有している場合、所有権移転登記にかかる登録免許税として固定資産税評価額の0.4％が課税されます【2－6】。

合併は消費税の影響が少ないものの、流通税の影響を相応に考慮する必要があるM&A手法といえます。

# 6. 会計処理、課税関係イメージ

## Ⅰ 第三者間の合併

### 前提

- A社(合併法人)はB社(被合併法人)を吸収合併します。
- A社株主、B社株主はともに個人株主とします。
- 合併の対価としてA社株式を新株発行により交付します。
- B社株主におけるB社株式の取得原価:100
- 交付するA社株式の時価:1,000
- 当該合併は、会計上「取得」と判定されるものとします。
- 当該合併は、共同事業要件を満たし、税制適格要件を充足します(適格合併)。
- 会計上の資本金=税務上の資本金等の額(A社B社ともに)
- 会計上の利益剰余金=税務上の利益積立金(A社B社ともに)
- A社およびB社の合併直前の貸借対照表は以下のとおり(括弧の金額は時価)です。

(A社)

| 借方 | 金額 | 貸方 | 金額 |
| --- | --- | --- | --- |
| 諸資産 | 1,000 | 諸負債 | 400 |
| 土地 | 400 | 資本金 | 200 |
|  |  | 利益剰余金 | 800 |
| 計 | 1,400 | 計 | 1,400 |

（B社）

| 借方 | 金額 | 貸方 | 金額 |
|---|---|---|---|
| 諸資産 | 300 | 諸負債 | 200 |
| 土地 | 200<br>(500) | 資本金 | 100 |
|  |  | 利益剰余金 | 200 |
| 計 | 500 | 計 | 500 |

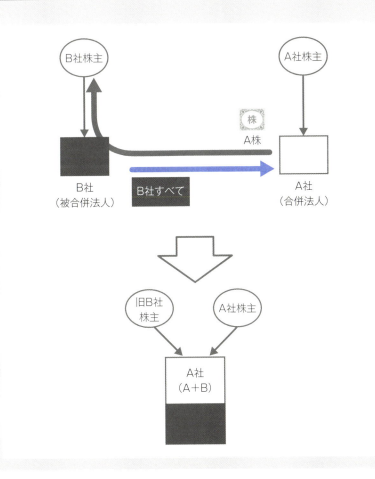

## 会計

### 1．合併法人（A社）

取得の場合、受け入れる資産・負債は時価で計上し、取得の対価との差額はのれんに計上します。（結合基28、31）

| 借方 | 金額 | 貸方 | 金額 |
|---|---|---|---|
| 諸資産 | 300 | 諸負債 | 200 |
| 土地 | 500 | 払込資本 | 1,000 |
| のれん | 400 | | |

増加すべき払込資本の内訳（資本金、資本準備金またはその他資本剰余金）は会社法の規定に基づいて決定します（結合指80、会計基35）。

本設例のようなケースでは、交付するA社株式の時価の範囲内で吸収合併契約の定めにより会計処理を行うことになります。

（合併後のB/S）

| 借方 | 金額 | 貸方 | 金額 |
|---|---|---|---|
| 諸資産 | 1,300 | 諸負債 | 600 |
| 土地 | 900 | 資本金 | 200 |
| のれん | 400 | 資本剰余金 | 1,000 |
| | | 利益剰余金 | 800 |
| 計 | 2,600 | 計 | 2,600 |

### 2．被合併法人（B社）

B社は消滅するため、会計処理は不要となります。

### 3．A社株主

取引当事者ではないため仕訳は生じません。

## 4．B社株主

| 借方 | 金額 | 貸方 | 金額 |
|---|---|---|---|
| A社株式 | 100 | B社株式 | 100 |

　被合併法人株主は、合併の対価として合併法人株式のみを受け取った場合、被合併法人に対する投資が継続していると考えられます（分離基32（2））。したがって、取得した合併法人株式の取得原価は、被合併法人株式の簿価に基づき計上します。

## 税務

### 1．合併法人（A社）

課税関係は生じません。

| 借方 | 金額 | 貸方 | 金額 |
|---|---|---|---|
| 諸資産 | 300 | 諸負債 | 200 |
| 土地 | 200 | 資本金等の額 | 100 |
|  |  | 利益積立金額 | 200 |

当該合併は適格合併のため、資産・負債を簿価で受け入れ、課税は生じません。

引き継ぐ資本金等の額および利益積立金額は被合併法人（B社）の各金額となります。

### 2．被合併法人（B社）

課税関係は生じません。

B社は資産・負債を帳簿価額によりA社に引継ぎをしたものとして取り扱うため、合併による譲渡損益は生じません（法法62の2①、法令123の3①）。

### 3．A社株主

取引当事者ではないため課税関係は生じません。

### 4．B社株主

課税関係は生じません。

| 借方 | 金額 | 貸方 | 金額 |
|---|---|---|---|
| A社株式 | 100 | B社株式 | 100 |

当該合併は適格合併となるため、被合併法人（B社）株主においてみなし配当を計上する必要はありません（法法24①一）。

また、合併対価はA社株式のみであることから譲渡損益が発生しないため、B社株主において課税は生じません。

## Ⅱ 親子会社間の合併

### 前提

・親会社は100%出資で設立した子会社を吸収合併します。
・会計上の資本金＝税務上の資本金等の額（親会社・子会社ともに）
・会計上の利益剰余金＝税務上の利益積立金額（親会社・子会社ともに）
・親会社および子会社の合併直前の貸借対照表は以下のとおり（括弧の金額は時価）です。
・当該合併は税制適格要件を充足します（適格合併）。

（親会社）

| 借方 | 金額 | 貸方 | 金額 |
|---|---|---|---|
| 諸資産 | 900 | 諸負債 | 400 |
| 子会社株式 | 100 | 資本金 | 200 |
| 土地 | 400 | 利益剰余金 | 800 |
| 計 | 1,400 | 計 | 1,400 |

（子会社）

| 借方 | 金額 | 貸方 | 金額 |
|---|---|---|---|
| 諸資産 | 300 | 諸負債 | 200 |
| 土地 | 200<br>(500) | 資本金 | 100 |
|  |  | 利益剰余金 | 200 |
| 計 | 500 | 計 | 500 |

## 会計

### 1．合併法人（親会社）

当該合併は共通支配下の取引となるため、合併法人（親会社）は被合併法人（子会社）の資産および負債を簿価で受け入れます（結合基41）。

| 借方 | 金額 | 貸方 | 金額 |
|---|---|---|---|
| 諸資産 | 300 | 諸負債 | 200 |
| 土地 | 200 | 子会社株式 | 100 |
|  |  | 抱合せ株式消滅差益 | 200 |

子会社株式の簿価と子会社純資産の簿価との差額は、特別損益（抱合せ株式消滅差損益）として計上されます（結合指206）。

（合併後のB/S）

| 借方 | 金額 | 貸方 | 金額 |
|---|---|---|---|
| 諸資産 | 1,200 | 諸負債 | 600 |
| 土地 | 600 | 資本金 | 200 |
|  |  | 利益剰余金 | 1,000 |
| 計 | 1,800 | 計 | 1,800 |

### 2．被合併法人（子会社）

子会社は消滅するため、会計処理は不要となります。

## 税務

### 1．合併法人（親会社）

課税関係は生じません。

| 借方 | 金額 | 貸方 | 金額 |
|---|---:|---|---:|
| 諸資産 | 300 | 諸負債 | 200 |
| 土地 | 200 | 子会社株式 | 100 |
|  |  | 利益積立金 | 200 |

合併に伴い増加する資本金等の額は、被合併法人の資本金等の額から抱合株式（親会社が保有する子会社株式）の簿価を控除した金額となります。すなわち当該合併では資本金等の額は増加しません。

（合併後のB/S）

| 借方 | 金額 | 貸方 | 金額 |
|---|---:|---|---:|
| 諸資産 | 1,200 | 諸負債 | 600 |
| 土地 | 600 | 資本金等の額 | 200 |
|  |  | 利益積立金 | 1,000 |
| 計 | 1,800 | 計 | 1,800 |

### 2．被合併法人（子会社）

課税関係は生じません。

子会社は資産・負債を帳簿価額により親会社に引継いだものとして取扱うため、合併による譲渡損益は生じません（法法62の2①、法令123の3①）。

## (参考) 逆さ合併の会計処理

本設例において、子会社を合併法人、親会社を被合併法人とした場合の合併法人（子会社）の会計処理は、共通支配下の取引に該当するため、次のようになります（結合指210）。

| 借方 | 金額 | 貸方 | 金額 |
|---|---|---|---|
| 諸資産 | 900 | 諸負債 | 400 |
| 土地 | 400 | 払込資本 | 1,000 |
| 自己株式 | 100 | | |

ここでは被合併法人（親会社）の資産負債の差額を払込資本（資本金、資本準備金またはその他資本剰余金）の増加とする処理に基づき、全額をその他資本剰余金の増加として処理していますが、株主資本の内訳をそのまま引き継ぐ処理も認められています（結合指210、84、会計規35、36）。

（合併後のB/S）

| 借方 | 金額 | 貸方 | 金額 |
|---|---|---|---|
| 諸資産 | 1,200 | 諸負債 | 600 |
| 土地 | 600 | 資本金 | 100 |
| | | 資本剰余金 | 1,000 |
| | | 利益剰余金 | 200 |
| | | 自己株式 | △100 |
| 計 | 1,800 | 計 | 1,800 |

# 第二章

M&A・組織再編関連論点

## ツールとしてのM&Aを使いこなすためのTips

## 2-1 税制適格について

> **point**
> ・非適格組織再編では法人税等の課税が生じる可能性あり
> ・適格組織再編では法人税等の課税が生じない
> ・グループ内または共同事業を営むための一定の組織再編は適格

### ■適格組織再編の要件

|  | グループ内 | | 共同事業 |
| --- | --- | --- | --- |
|  | 完全支配関係 | 50%超支配関係 | |
| 金銭等不交付要件 | ○ | ○ | ○ |
| 完全支配関係継続要件 | ○ | — | — |
| 支配関係継続要件 | — | ○ | — |
| 独立事業単位要件 | — | ○ | ○ |
| 事業継続要件 | — | ○ | ○ |
| 事業関連性要件 | — | — | ○ |
| 事業規模等要件 | — | — | ○ |
| 株式継続保有要件 | — | — | ○（支配株主がいる場合） |
| 組織再編後完全支配関係継続要件 | — | — | ○（株式交換、株式移転のみ要求） |

なお、独立事業単位要件は組織再編の種類によって次のとおりとなります。

|  | 合併 | 会社分割 | 株式交換 | 株式移転 |
| --- | --- | --- | --- | --- |
| 主要資産負債引継要件 | — | ○ | — | — |
| 従業者引継要件 | ○ | ○ | — | — |
| 従業者継続従事要件 | — | — | ○ | ○ |

## 1．税制適格要件

　組織再編においても、原則としてその取引は時価により行われたものとされ、当事者に課税関係が生じます（非適格組織再編）。しかし、一定の要件を満たした場合には、その組織再編は簿価により行われたものとされ、当事者に課税関係が生じません（適格組織再編）。

　組織再編が税制適格になる場合として、グループ内の組織再編、共同事業を営むための組織再編があります。また、グループ内の組織再編は、さらに完全支配関係がある場合と50%超の支配関係がある場合に分けることができます。これらの類型毎に税制適格となる要件が異なり、支配関係が弱まるほど要求される税制適格要件が増えていきます。

　ただし、M&Aを目的とする組織再編を行う場合、一般的には対価として金銭が交付されることから、金銭等不交付要件を満たさずに非適格組織再編となることがほとんどであると思われます。

　なお、現物出資および現物分配についてはここでは取扱っていません。

**（1）完全支配関係のあるグループ内組織再編**

　完全支配関係とは、一の者が法人の発行済株式もしくは出資の全部を直接もしくは間接に保有する関係（当事者間の完全支配の関係）または一の者との間に当事者間の完全支配の関係がある法人相互の関係をいいます（法法2十二の七の六）。

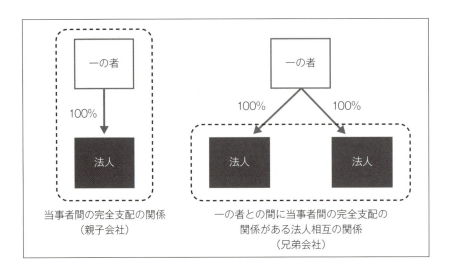

なお、一の者が個人の場合には、その者と特殊の関係にある次の者が含まれます（法令4①、4の2②、民725）。

| | 特殊の関係にある者 |
|---|---|
| 1 | 株主等の親族（6親等の血族、配偶者および3親等の姻族） |
| 2 | 株主等と婚姻の届出をしていないが事実上婚姻関係と同様の事情にある者 |
| 3 | 株主等（個人である株主等に限る。4において同じ）の使用人 |
| 4 | 1～3に掲げる者以外の者で株主等から受ける金銭その他の資産によって生計を維持しているもの |
| 5 | 2～4に掲げる者と生計を一にするこれらの者の親族 |

① 金銭等不交付要件

(ア) 組織再編の対価として、組織再編により発行される株式以外の資産の交付がないことを要件とするものです。なお、組織再編により交付される株式とは、合併であれば合併法人株式、会社分割であれば分割承継法人株式、株式交換であれば株式交換完全親法人株式、株式移転であれば株式移転完全親法人株式になります。

(イ) 株式が交付される分割型分割の場合、分割前の分割法人株主の持株割合に応じて株式が交付されるもの（按分型）に限ります。

(ウ) 組織再編前において合併法人または株式交換完全親法人が被合併法人ま

たは株式交換完全子法人の発行済株式の3分の2以上を所有している場合、その他の少数株主に組織再編の対価として株式以外の資産（金銭等）を交付しても金銭等不交付要件には抵触しません。

② 完全支配関係継続要件

組織再編前の完全支配関係が、組織再編後にも継続することが見込まれることを要件とするものです。

### （2）50％超支配関係のあるグループ内組織再編

支配関係とは、一の者が法人の発行済株式もしくは出資の総数もしくは総額の50％超を直接もしくは間接に保有する関係（当事者間の支配の関係）または一の者との間に当事者間の支配の関係がある法人相互の関係をいいます（法法2十二の七の五）。

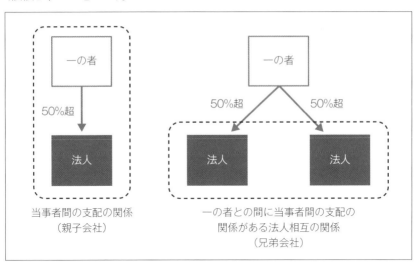

なお、一の者が個人の場合には、その者と特殊の関係にある者が含まれることは完全支配関係と同様です。

① 金銭等不交付要件

要件の内容は、完全支配関係と同様です。

② 支配関係継続要件

組織再編前の50％超の支配関係が、組織再編後にも継続することが見込まれることを要件とするものです。

③ 独立事業単位要件

　組織再編の種類によって、主要資産負債引継要件、従業者引継要件または従業者継続従事要件のうち、1つないし2つを満たすことを要件とするものです。

(ア) **主要資産負債引継要件**

　会社分割において満たす必要があります。これは、分割事業にかかる主要な資産および負債が分割承継法人に移転していることを要件とするものです。

(イ) **従業者引継要件**

　合併および会社分割において満たす必要があります。これは、被合併法人の合併直前の従業者または分割法人の分割直前の分割事業にかかる従業者のうちその総数のおおむね80％以上に相当する者が、合併法人または分割承継法人の業務に従事することが見込まれることを要件とするものです。なお、従業者には、役員、使用人その他の者で、組織再編の対象となる事業に現に従事する者が含まれます（法基通1－4－4）。

(ウ) **従業者継続従事要件**

　株式交換および株式移転において満たす必要があります。これは、株式交換完全子法人または株式移転完全子法人の組織再編直前の従業者のうちその総数のおおむね80％以上に相当する者が、組織再編後も同じ法人の業務に従事することが見込まれることを要件とするものです。なお、従業者の範囲は従業者引継要件と同様です。

④ 事業継続要件

　組織再編の対象となった法人・事業のうち、その主要な事業（会社分割の場合は分割事業）が組織再編後も引続き営まれることが見込まれていることを要件とするものです。

**（3）共同事業を営むための組織再編**

① 金銭等不交付要件

　要件の内容は、完全支配関係および支配関係と同様です。

② 独立事業単位要件

　要件の内容は、支配関係と同様です。

③ 事業継続要件

要件の内容は、支配関係と同様です。なお、ここで継続が求められる事業とは、④事業関連性要件において譲受企業が営む事業と相互に関連するものとされる譲渡企業の事業となります。

④ 事業関連性要件

組織再編にかかる譲渡企業と譲受企業が各々営む事業のうちのいずれかの事業が相互に関連するものであることを要件とするものです。

なお、ここで譲渡企業の事業とは、合併、株式交換および株式移転においては譲渡企業が運営する事業のうちの主要な事業となり、会社分割においては分割される事業のうちのいずれかの事業（主要な事業でなくても良い）となります。一方、譲受企業の事業とは、いずれの組織再編においても、譲受企業の事業のうちのいずれかの事業となります。

⑤ 事業規模等要件

事業規模要件または経営参画要件のいずれかを満たすことを要件とするものです。

㋐ 事業規模要件

事業関連性要件で使用した譲渡企業と譲受企業の各々の事業にかかる売上金額、従業者の数、資本金の額もしくは出資の額（合併の場合のみ）、もしくはこれらに準ずるものの規模の割合が1つでもおおむね5倍を超えないことを要件とするものです。

㋑ 経営参画要件

合併および会社分割においては、被合併法人の特定役員（常務以上の役員）または分割法人の役員のいずれかと、合併法人または分割承継法人の特定役員のいずれかとが、組織再編後の合併法人または分割承継法人において特定役員となることが見込まれることを要件とするものです。また、株式交換および株式移転においては、株式交換完全子法人または株式移転完全子法人の特定役員のすべてが、株式交換または株式移転に伴って退任するものではないことを要件とするものです。

⑥ 株式継続保有要件

譲渡企業の50%超の支配株主において、組織再編により交付された全株式の継続保有が見込まれていることを要件とするものです。なお、支配株主

がいない場合には、株式継続保有要件は必要ありません。

⑦ 組織再編後完全支配関係継続要件

組織再編後完全支配関係継続要件は、株式交換および株式移転において満たす必要があります。これは、株式交換または株式移転によって形成された完全支配関係が継続することが見込まれることを要件とするものです。

## 2．組織再編時の課税関係

組織再編の手法毎の課税関係は次のとおりです。

なお、現物出資および現物分配についてはここでは取扱っていません。

### （1）合併、分割型分割

合併または分割型分割が非適格組織再編となった場合、被合併法人または分割法人は譲渡損益を認識し、被合併法人の株主または分割法人の株主はみなし配当および譲渡損益を認識し、合併法人または分割承継法人は税務上ののれんを認識します。

一方、合併または分割型分割が適格組織再編となった場合、被合併法人または分割法人は譲渡損益を認識せず、被合併法人の株主または分割法人の株主はみなし配当および譲渡損益を認識せず、合併法人または分割承継法人は税務上ののれんを認識しません。

なお、非適格組織再編であっても、被合併法人の株主または分割法人の株主が合併法人株式または分割承継法人株式のみを取得した場合は、譲渡損益を認識しません（法法61の2②④）。

#### ■ 非適格と適格の違いが生じるポイント（合併、分割型分割）

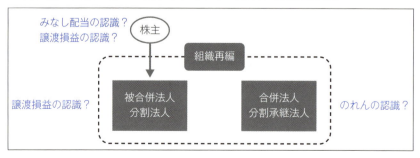

|  | 被合併法人<br>分割法人 | 被合併法人の株主<br>分割法人の株主 | | 合併法人<br>分割承継法人 |
| --- | --- | --- | --- | --- |
|  |  | 株式のみ交付 | 株式以外交付 |  |
| 非適格組織再編 | 譲渡損益を認識する | みなし配当を認識する<br>譲渡損益を認識しない | みなし配当を認識する<br>譲渡損益を認識する | のれんを認識する |
| 適格組織再編 | 譲渡損益を認識しない | みなし配当を認識しない<br>譲渡損益を認識しない |  | のれんを認識しない |

### (2) 分社型分割

　分社型分割が非適格組織再編となった場合、分割法人は譲渡損益を認識し、分割承継法人は税務上ののれんを認識します。

　一方、分社型分割が適格組織再編となった場合、分割法人は譲渡損益を認識せず、分割承継法人は税務上ののれんを認識しません。

　なお、分割法人の株主は会社分割による対価を何ら取得しないため、非適格組織再編と適格組織再編のいずれであっても、みなし配当および譲渡損益は認識しません。

■ **非適格と適格の違いが生じるポイント（分社型分割）**

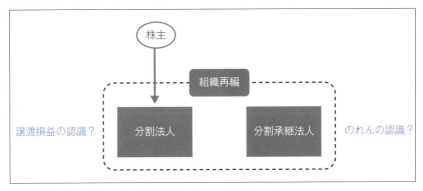

|  | 分割法人 | 分割法人の株主 | 分割承継法人 |
| --- | --- | --- | --- |
| 非適格組織再編 | 譲渡損益を認識する | みなし配当を認識しない<br>譲渡損益を認識しない | のれんを認識する |
| 適格組織再編 | 譲渡損益を認識しない | みなし配当を認識しない<br>譲渡損益を認識しない | のれんを認識しない |

## (3) 株式交換、株式移転
### ① 完全子法人

　株式交換または株式移転が非適格組織再編となった場合、株式交換完全子法人または株式移転完全子法人は評価損益を認識します。

　一方、株式交換または株式移転が適格組織再編となった場合、株式交換完全子法人または株式移転完全子法人は評価損益を認識しません。

#### ㋐ 評価損益の計上対象資産

　非適格組織再編（株式交換、株式移転）において評価損益を認識する個別資産とは、①固定資産、②土地（土地の上に存する権利を含む）、③有価証券（売買目的および償還有価証券を除く）、④金銭債権、⑤繰延資産となります（法法62の9、法令123の11）。

#### ㋑ 時価評価不要

　税務上の簿価が1,000万円未満の資産（法令123の11①四）や、含み損益が資本金等の2分の1または1,000万円のいずれか少ない金額未満の資産（法令123の11①五）は時価評価不要です。

#### ㋒ 営業権の評価損益の計上は不要

　平成29年度税制改正により税務上の簿価が1,000万円未満の資産について時価評価の対象から除外されたため、非適格組織再編であっても株式交換完全子法人または株式移転完全子法人において営業権（自己創設のれん）の評価益を認識する必要はないと考えられます（法令123の11①四）。

#### ㋓ 他のスクイーズアウト手法も取扱いが統一

　平成29年度税制改正により全部取得条項付種類株式・株式併合・株式等売渡請求の利用によるスクイーズアウト手法のうち非適格となるものが行われた場合には、完全子法人となる法人では、同様に評価損益を認識するよう取扱いが統一されました【2－10】。

### ② 完全子法人の株主

　株式交換完全子法人の株主または株式移転完全子法人の株主は、みなし配当を認識せず、また、株式交換完全親法人株式または株式移転完全親法人株式のみを取得した場合、非適格組織再編であっても譲渡損益は認識しません。

## 2-1 税制適格について

■ 非適格と適格の違いが生じるポイント(株式交換、株式移転)

譲渡損益の認識?　　株主

組織再編

評価損益の認識?

株式交換完全子法人
株式移転完全子法人

株式交換完全親法人
株式移転完全親法人

|  | 完全子法人 | 完全子法人の株主 | | 完全親法人 |
|---|---|---|---|---|
|  |  | 株式のみ交付 | 株式以外交付 |  |
| 非適格組織再編 | 評価損益を認識する | みなし配当を認識しない<br>譲渡損益を認識しない | みなし配当を認識しない<br>譲渡損益を認識する | のれんを認識しない |
| 適格組織再編 | 評価損益を認識しない | みなし配当を認識しない<br>譲渡損益を認識しない |  | のれんを認識しない |

### (4) 組織再編成に係る行為計算否認規定の適用

これまで述べてきたとおり、組織再編にかかる税制適格要件を充足すれば、税制適格組織再編として税務上は簿価取引として処理されるのが原則です。しかし、形式的に税制適格要件を充足することにより、法人税の負担を不当に減少させる結果になると認められるものがあるときは、税務署長の認めるところにより法人税の課税標準もしくは欠損金額または法人税の額を計算することができるとされています(法法132の2)。例えば、事前に合理性のない取引等を行うことにより、組織再編にかかる税制適格要件を形式的にのみ充足させた場合、税務署長により税制適格組織再編を否認され、税制非適格組織再編と認定されるリスクがあることに留意が必要です。

| 関連論点 | M&Aにおける分割型分割の活用 |

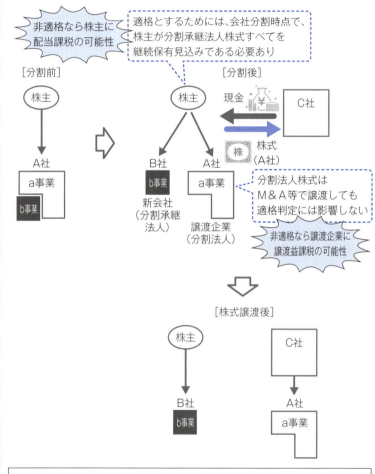

適格となる基本的な考え方は、会社分割の前後で分割による移転資産等に対する支配が継続すること。
→移転資産等を承継した分割承継法人の株式のみ継続保有見込みであれば税制適格要件を充足する

## 2-1 税制適格について

　オーナーが100％保有している譲渡企業では、分割型分割後、オーナーが分割承継法人株式すべてを継続保有見込みであれば、分割法人株式をM＆Aにより譲渡しても税制適格要件を充足し、無税で会計分割を行えます（法法2十二の十一イ、法令4の3⑥二ハ(1)）。

　これにより、M＆Aに先立って譲渡企業の非事業用資産等を新会社やオーナー保有の別会社に税負担なく切り出すことが可能です。

　また、親族（法令4①、民725）保有株を含めてオーナー一族で100％保有している場合でも、分割型分割後、オーナー一族が分割承継法人株式すべてを継続保有見込みであれば税制適格要件を充足します。ただし、この場合には、分割法人の持ち株割合に応じて、分割承継法人株式を交付する必要があります。

## 2-2 のれん

**point**
- 非適格組織再編では税務上ののれんが計上される場合がある
- 税務上ののれんは償却により損金または益金に計上される
- 会計上と税務上ののれんは取扱いが異なることに留意

## 1. のれん

M&Aにおけるのれんとは、譲渡企業の時価純資産と買収対価の差額であり、営業権や超過収益力と呼ばれることもあります。しかし、単体会計および税務でのれんが認識されるのは、事業譲渡、合併および会社分割のように法人格を越えて資産・負債等が移転する場合に限定されます。株式譲渡、株式交換および株式移転では、のれんは子会社株式の取得原価として処理され、個別に認識されることはありません。

ただし、譲受企業の連結会計においては、M&Aのスキームが何であれ、M&Aを実行したという共通する経済実態に着目して、のれんが認識されます。すなわち、M&Aのスキームが株式譲渡であっても、連結会計ではのれんが認識されることになります。

## 2. 会計上ののれん

### (1) のれんの償却方法

会計上ののれんの償却は、税務上の償却方法とは異なるため留意が必要です。

① 正ののれん

発生後20年以内のその効果の及ぶ期間にわたって、定額法その他の合理

的な方法により規則的に「販売費及び一般管理費」として償却します（結合基32、47、結合指76（3））。ただし、正ののれんの金額に重要性が乏しい場合には、発生事業年度の費用として即時償却することができます（結合基32、結合指76（4））。

② 負ののれん

発生事業年度に原則として「特別利益」として処理します（結合基33、結合指78（1））。

(2) 無形資産への取得原価の配分

会計上ののれんは、基本的には買収対価から時価資産と時価負債の差額である時価純資産を控除して算定します。しかし、貸借対照表に計上されていない資産であっても、法律上の権利など分離して譲渡可能な無形資産が識別される場合には、これらを時価資産として認識したうえで、会計上ののれんを認識することになります（結合基29、31）。このような無形資産としては、例えば、ソフトウェア、顧客リスト、特許で保護されていない技術、データベース、研究開発活動の途中段階の成果等が認識される場合があります（結合指367）。

### （3）取得関連費用の会計処理

外部のアドバイザー等に支払った特定の報酬・手数料は、連結会計上は発生事業年度に費用処理します（結合基26）。これらの費用としては、例えば、M&A交渉のサポート、買収監査、株式価値評価ならびに最終契約の作成に関連して専門家へ支払う報酬・手数料が考えられます。

なお、税務上および単体会計上は、これらの費用のうち買収の意思決定以降に生じたものは買収対価を構成することになり（子会社株式の取得原価に含める）、連結会計とは取扱いが異なることに留意が必要です。

## 3．税務上ののれん

### （1）資産調整勘定・差額負債調整勘定

のれんは、税務上は資産調整勘定（正ののれん）または差額負債調整勘定（負ののれん）と呼ばれています。組織再編のうち、非適格となる合併、事業およびその事業にかかる主要な資産または負債の概ね全部が移転する会社分割および事業譲渡を実施した場合、対象資産・負債の時価（時価純資産）と買収対価との差額について資産調整勘定または差額負債調整勘定が計上されることになります（法法62の8①③）。一方、適格組織再編の場合には、資産調整勘定または差額負債調整勘定のいずれも計上されることはありません。

なお、現物出資についてはここでは取扱っていません。

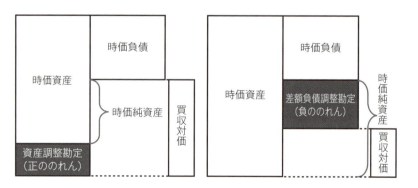

資産調整勘定または差額負債調整勘定の償却は、いずれも発生月から5年

間の月割均等償却することになります（法法62の8④⑤⑦⑧）。なお、資産調整勘定の償却により損金、差額負債調整勘定の償却により益金が計上されることになります。

## （2）その他の負債調整勘定

　非適格組織再編において、退職給与負債調整勘定または短期重要負債調整勘定が認識された場合、資産調整勘定または差額負債調整勘定の計上金額の決定において考慮します。

　これらの負債調整勘定の認識により、資産調整勘定または差額負債調整勘定の金額が変動します。

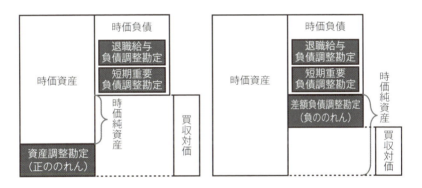

### ① 退職給与負債調整勘定

　非適格組織再編において、引き継いだ従業者にかかる退職給与債務の引受けをした場合、退職給与負債調整勘定を認識します（法法62の8②一）。また、退職給与負債調整勘定の取崩しは、該当する従業者への退職給与の支給に合わせて減額するとともに益金を計上します。

### ② 短期重要負債調整勘定

　非適格組織再編において、移転を受けた事業にかかる将来の重要な債務で、その履行が組織再編の日から概ね3年以内に見込まれる場合、短期重要負債調整勘定を認識します（法法62の8②二）。また、短期重要負債調整勘定の取崩しは、その将来の重要な債務にかかる損失が生じた場合にはその損失額を減額し益金を計上し、その後組織再編の日から3年経過した場合等に残りの全額を減額するとともに益金を計上します。

**関連論点** 営業権（自己創設のれん）評価益計上不要

（1）評価損益の計上の取扱い

連結納税グループへ加入する場合や、非適格株式交換等（株式交換・全部取得条項付種類株式・株式併合・株式等売渡請求の利用によるスクイーズアウト手法のうち非適格となるもの、非適格株式移転）が行われる場合には、完全子法人となる会社では、土地など一定の資産の評価損益を税務上計上する必要があります【2－1の2（3）、2－10】。

（2）営業権の評価益の計上は不要

平成29年度税制改正により、税務上の簿価が1,000万円未満の資産が時価評価不要となったことに伴い、もともと帳簿に計上されていない営業権（自己創設のれん）は、時価評価不要とする取扱いが明確になりました。

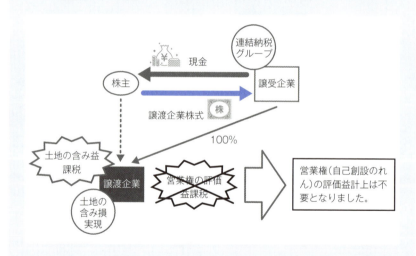

2-2 のれん

## 2-3 組織再編のスケジュール

> **point**
> ・組織再編には会社法上の手続が必要
> ・簡易・略式再編では株主総会決議の省略が可能
> ・会社法上の手続以外にも留意が必要

## 1. 組織再編別のスケジュール

　組織再編にかかる手続が会社法に規定されています。当該手続に基づいた基本的なスケジュールは次ページ以降に記載していますが、概要は以下のとおりです。

　いずれの手法においても原則として株主総会の特別決議が必要となります（後述2.）。また、組織再編は、対象となる会社の利害関係者に重要な影響を与える可能性があることから、株主、債権者に対してそれぞれ一定の保護手続を行うことが必要です。具体的には、株主・新株予約権者に対しては、株式・新株予約権買取請求（後述3.）、債権者に対しては、債権者保護手続（後述4.）が必要とされています。

　また、これら手続の実効性を担保すべく事前開示、事後開示により組織再編にかかる情報開示を行うこととされています。

## （1）株式譲渡および事業譲渡

　株式譲渡および事業譲渡は、他の組織再編のような会社法上の多くの手続は定められていません。そのため、他の組織再編に比べるとスケジュールを柔軟に決定することができます。ただし、事業譲渡においては、移転する資産、負債および契約関係等を個別移転することになるため、ケースによっては多大な労力や長期のスケジュールを要する点に留意が必要です。

**株式譲渡**

＊1：株主総会等承認の場合あり（要定款確認）

**事業譲渡**

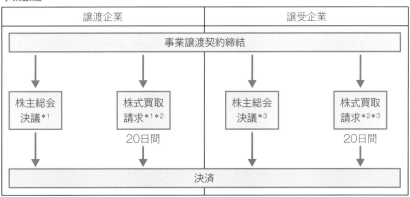

＊1：事業の全部譲渡、事業の重要な一部譲渡の場合
＊2：効力発生日の20日前までに一定事項の通知または公告が株主に対して必要
＊3：事業の全部譲受けの場合

## (2) 吸収合併

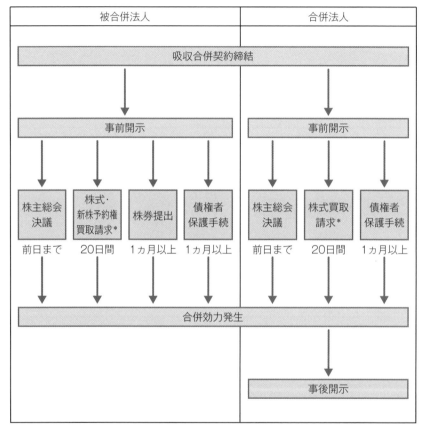

＊：効力発生日の20日前までに一定の事項の通知または公告が株主・新株予約権者に対して必要

## （3）吸収分割

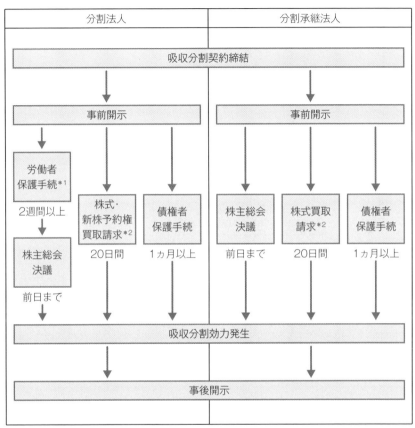

\*1：労働契約承継法に定められた事項の通知期限日は次のとおり
　① 株主総会決議による承認を要する分割契約の場合、その株主総会の日の2週間前の日の前日
　② 株主総会決議による承認を要しない等の場合、吸収分割契約が締結された日から起算して2週間を経過する日
\*2：効力発生日の20日前までに一定の事項の通知または公告が株主・新株予約権者に対して必要

## （4）新設分割

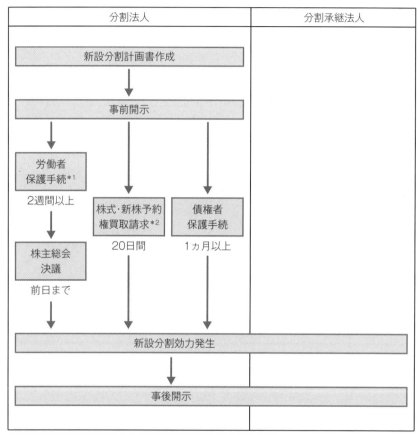

\*1：労働契約承継法に定められた事項の通知期限日は次のとおり
　① 株主総会決議による承認を要する新設分割計画の場合、その株主総会の日の2週間前の日の前日
　② 株主総会決議による承認を要しない等の場合、新設分割計画が作成された日から起算して2週間を経過する日
\*2：株主総会決議の日から2週間以内に一定の事項の通知または公告が株主・新株予約権者に対して必要

## (5) 株式交換

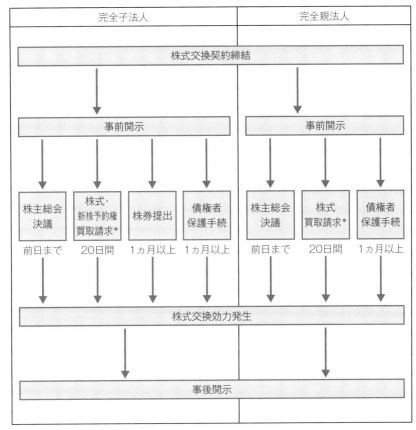

＊：効力発生日の20日前までに一定の事項の通知または公告が株主・新株予約権者に対して必要

## (6) 株式移転

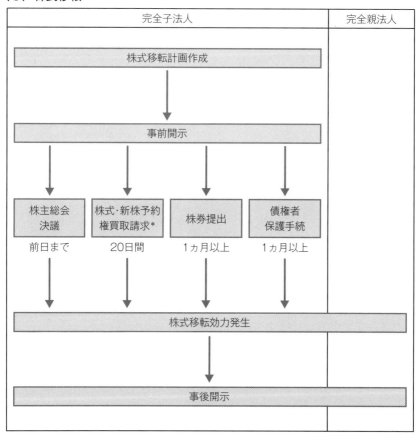

\*：株主総会決議の日から２週間以内に一定の事項の通知または公告が株主・新株予約権者に対して必要

## 2．株主総会決議

　吸収合併、会社分割、株式交換、株式移転を行う当事会社において、原則的には株主総会の特別決議が必要です（会783①、795①、804①）。しかし、組織再編の重要性が低いと判断されたり、株主総会の承認が確実である一定の場合には、当事会社の株主総会決議を省略することができます。

**（1）簡易組織再編**

**① 合併法人等の簡易組織再編**

　合併法人、分割承継法人または株式交換完全親法人（合併法人等）において、次の(ア)～(ウ)の合計額の合併法人等の純資産額に対する割合が5分の1を超えない場合、簡易組織再編として合併法人等の株主総会決議を省略することができます（会796②）。

(ア) 被合併法人の株主、分割法人または株式交換完全子法人の株主（被合併法人の株主等）に対して交付する株式の数に1株あたり純資産額を乗じて得た額

(イ) 被合併法人の株主等に対して交付する社債、新株予約権または新株予約権付社債の帳簿価額の合計額

(ウ) 被合併法人の株主等に対して交付する前述(ア)、(イ)以外の財産の帳簿価額の合計額

　なお、前述の要件を満たしたとしても、原則として議決権の6分の1超の株主が反対した場合、株主総会決議が必要となります（会796③）。

**② 分割法人の簡易組織再編**

　分割法人において、分割承継法人に承継させる資産の帳簿価額の合計額が分割法人の総資産額の5分の1を超えない場合、簡易組織再編として分割法人の株主総会決議を省略することができます（会784②）。

**（2）略式組織再編**

　略式組織再編とは、組織再編を行う当事者となる会社の間に議決権の90%以上を保有される関係がある場合の組織再編のことです。略式組織再編に該当すると、原則的には支配されている会社の株主総会決議が不要となります（会784①、796①）。

## 3．株式・新株予約権買取請求

　会社法上、組織再編に反対する株主または新株予約権者は、投下資本の回収手段として自己の有する株式または新株予約権をその発行会社に対して買取り請求することができます（会785、787、797、806、808）。

## 4．債権者保護手続

　組織再編により会社の財産状況に変動が生じるため、会社法上、債権者を保護する手続が規定されています。会社は、組織再編を行うことに異議がある場合に一定期間内であれば申し出ることができる旨を官報で公告し、かつ知れたる債権者には個別に催告する必要があります（会789、799、810）。なお、定款で会社の公告方法を官報ではなく日刊新聞または電子公告としている場合、官報と定款で定めた公告をすれば知れたる債権者に個別に催告する必要はありません（会789③、799③、810③）。

　さらに、債権者保護手続の官報公告において、直近の決算公告を行っていなかった場合には、直近の決算公告を行うために官報掲載のスケジュールを十分にとっておく必要があります。

## 5．その他留意事項

　会社法で規定されているスケジュール以外にも、一定規模以上の会社同士のM&Aでは公正取引委員会への事前届出の期間が必要となります。また、取引先等に対するM&Aの事前通知、M&A前の資産・負債の整理またはITシステムや業務統合が必要な場合には、これらを考慮してスケジュールを作成する必要があります。

2-3　組織再編のスケジュール

## 2-4 繰越欠損金・特定資産の譲渡損等の制限

> **point**
> ・繰越欠損金を引き継げる手法は適格合併のみ
> ・適格組織再編では繰越欠損金・特定資産の譲渡損等が制限されるケースに留意

## 1．組織再編時の繰越欠損金の取扱い

### （1）適格組織再編を行った場合

#### ① 概要

　合併法人や分割承継法人等は繰越欠損金の使用制限がなく、また被合併法人からの繰越欠損金の引継制限もないのが原則です。しかし、次の支配関係継続要件（後述（3））のいずれにも該当せず、かつみなし共同事業要件（後述（4））等にも該当しない場合には、繰越欠損金の使用制限および引継制限が課されます（法法57③④）。なお、現物分配【2－7】は事業の移転という概念はないため、みなし共同事業要件を充足することはできません。

#### ② 制限が課される再編当事者

　繰越欠損金の使用制限が課されるのは、合併法人、分割承継法人、被現物出資法人および被現物分配法人であり、また繰越欠損金の引継制限が課されるのは被合併法人です。

#### ③ 使用制限または引継制限される繰越欠損金

(ｱ) 50％超支配関係が生じた期の前期以前に生じた欠損金

(ｲ) 50％超支配関係が生じた期以後に生じた欠損金のうち特定資産の譲渡損等

## （２）非適格組織再編を行った場合

被合併法人の繰越欠損金を引継ぐことはできませんが、合併法人、分割承継法人、被現物出資法人および被現物分配法人の繰越欠損金の使用が制限されることはありません。

### ■ 適格合併を行った場合の繰越欠損金の取扱い

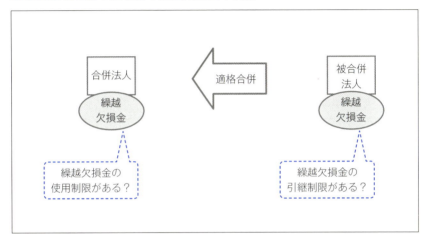

|  |  | 繰越欠損金の使用 | 繰越欠損金の引継 |
|---|---|---|---|
| 非適格組織再編 |  | 使用できる | 引継げない |
| 適格組織再編 | 支配関係継続要件に該当 | 使用できる | 引継げる |
|  | みなし共同事業要件に該当 | 使用できる | 引継げる |
|  | 上記いずれにも該当しない | 使用制限がある | 引継制限がある |

※ 支配事業年度の前期末純資産に含み益がある場合等には別途特例がある。

|  | 繰越欠損金の使用制限がある | 繰越欠損金の引継制限がある |
|---|---|---|
| 適格合併 | 合併法人 | 被合併法人 |
| 適格会社分割 | 分割承継法人 | － |
| 適格現物出資 | 被現物出資法人 | － |
| 適格現物分配【２－７】 | 被現物分配法人 | － |

### (3) 支配関係継続要件

ここでは、実務上使用頻度が高い合併を例に説明します。他の手法でも基本的な考え方は同じです。

合併法人と被合併法人において、5年以上の支配関係が継続している、または設立後の支配関係が継続していることを要件とするものです。

#### ① 5年以上の支配関係継続

合併法人の合併の日の属する事業年度開始の日の5年前の日から継続して50%超の支配関係がある場合をいいます。

#### ② 設立後の支配関係継続

合併法人または被合併法人が、合併法人の合併の日の属する事業年度開始の日の5年前の日以降に設立されており、合併法人または被合併法人の設立の日のいずれか遅い日から50%超の支配関係が継続している場合をいいます。

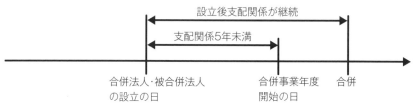

### (4) みなし共同事業要件

次の①～③、または、①および④を満たすことを要件とするものです(法令112③⑩)。

#### ① 事業関連性要件

被合併法人等[※1]の事業と合併法人等[※2]の事業が相互に関連するものであること。被合併等事業および合併等事業は、それぞれが営む事業(被合併法人については主要な事業。次の②・③において同じ)のうちのいずれかの事業が関連していれば充足します。

② 規模要件

被合併等事業と合併等事業のそれぞれの売上金額、従業者の数、被合併法人と合併法人のそれぞれの資本金の額またはこれらに準ずるものの規模の割合がおおむね5倍を超えないこと。いずれか1つの指標を満たせば充足します。

③ 規模継続要件

被合併等事業および合併等事業が支配関係発生日から合併等直前の時まで継続して営まれており、かつ、両時点における事業規模（②で使用した指標に限る）の割合がおおむね2倍を超えないこと。

④ 経営参画要件

被合併法人等の合併等の前における特定役員[※3]（分割法人、現物出資法人の場合は役員等[※4]）のいずれかの者と、合併法人等の合併等の前における特定役員のいずれかの者とが当該合併等の後に合併法人等の特定役員となることが見込まれていること。

|  | 3要件基準 | 2要件基準 |
| --- | --- | --- |
| ①事業関連性要件 | ○ | ○ |
| ②規模要件 | ○ | ― |
| ③規模継続要件 | ○ | ― |
| ④経営参画要件 | ― | ○ |

※1　被合併法人、分割法人、現物出資法人

※2　合併法人、分割承継法人、被現物出資法人

※3　社長、副社長、代表取締役、代表執行役、専務取締役もしくは常務取締役またはこれらに準ずる経営従事者。なお、支配関係発生日前において役員等であった者に限ります。

※4　役員またはこれらに準ずる経営従事者。なお、支配関係発生前において役員等であった者に限ります。

## 2．組織再編時の特定資産の譲渡損等の取扱い

　適格合併、適格分割、適格現物出資または適格現物分配（特定適格組織再編成等）を行った場合、組織再編以降に合併法人、分割承継法人、被現物出資法人または被現物分配法人が所有する資産を譲渡等することにより発生する損失について、全額損金算入されるのが原則です。しかし、一定の適用期間において発生した特定資産譲渡等損失額については、損金不算入となります（法法62の7①）。

　なお、非適格組織再編の場合には、被合併法人等から引継ぐ特定資産および合併法人等が組織再編前から所有する特定資産について、特定資産の譲渡等損失額の損金不算入の制限が課されることはありません。

### （1）特定資産譲渡等損失額

　特定資産譲渡等損失額とは、次の①、②の合計額をいいます（法法62の7②）。

① 内国法人が支配関係のある法人から特定適格組織再編成等により移転を受けた資産で、支配関係発生日（最後に支配関係があることとなった日）前から有していた資産（特定引継資産）の譲渡等（譲渡、評価換え、貸倒れ、除却その他これらに類する事由）による損失の額の合計額から特定引継資産の譲渡または評価換えによる利益の額の合計額を控除した金額

② 内国法人が支配関係発生事業年度前から有していた資産（特定保有資産）の譲渡等による損失の額の合計額から特定保有資産の譲渡または評価換えによる利益の額の合計額を控除した金額

　なお、次の資産は前述の①特定引継資産または②特定保有資産から除かれます（法令123の8③⑭）。

| | |
|---|---|
| 1 | たな卸資産(土地および土地の上に存する権利を除く) |
| 2 | 短期売買商品 |
| 3 | 売買目的有価証券 |
| 4 | 組織再編の日(特定引継資産の場合。特定保有資産の場合は、組織再編事業年度開始日)における帳簿価額または取得価額が1,000万円に満たない資産 |
| 5 | 支配関係発生日の属する事業年度開始の日以後に有することとなった資産、同日における時価が帳簿価額を下回っていない資産(含み損のない資産) |
| 6 | 適格合併に該当しない合併により移転を受けた資産で法人税法61条の13第1項に規定する譲渡損益調整資産以外のもの【2-8】 |

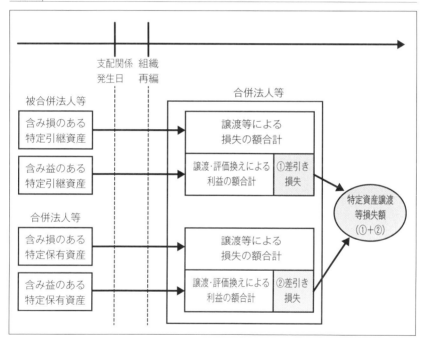

## (2) 適用期間

　適用期間とは、組織再編の日の属する事業年度開始の日から3年を経過する日までの期間をいいます（図①）。ただし、その3年を経過する日が50%超の支配関係発生日以後5年を経過する日以降となる場合には、その5年を経過する日までとなります（図②）。すなわち、組織再編の日の属する事業年度の開始の日において、50%超の支配関係発生日以後5年を経過していれば、特定資産の譲渡等損失額が損金不算入となることはありません（図③）。

## 2-4 繰越欠損金・特定資産の譲渡損等の制限

### ① 組織再編事業年度開始後3年が適用期間となる場合

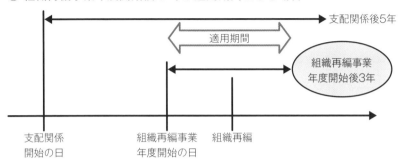

### ② 支配関係後5年が適用期間となる場合

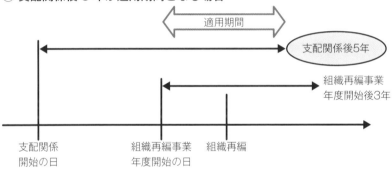

### ③ 適用期間がない場合

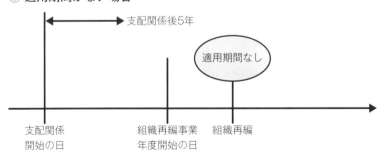

# 2-5 みなし配当

> **point**
> ・非適格合併と非適格分割型分割では、みなし配当が生じる場合がある
> ・適格合併と適格分割型分割では、みなし配当は生じない
> ・個人株主にみなし配当が生じれば総合課税され税負担が大きい

## 1．組織再編における「みなし配当」課税

### （1）非適格合併と非適格分割型分割の株主に課税

　非適格合併または非適格分割型分割に際して株主に株式や金銭その他の資産の対価の交付が行われた場合には、その対価（時価）のうち被合併法人または分割法人の資本金等に対応する金額を超える部分については、実質的には利益の分配として配当を行っていると考えられるため、これをみなし配当といいます。みなし配当は、配当と同様の課税関係が生じます（所法25①一二、所令61②一二、法法24①一二、法令23①一二）。

### （2）適格合併と適格分割型分割では発生しない

　適格合併と適格分割型分割ではみなし配当は発生しません。これは、被合併法人または分割法人の利益積立金額に対応する金額が合併法人または分割承継法人に引き継がれるため、被合併法人株主または分割法人株主に株式や金銭その他の資産の対価の交付が行われたとしても当該金額のうち、被合併法人または分割法人の利益積立金から構成される部分はないと考えられるためです。

## 2．みなし配当金額の算定

### （1）みなし配当と株式譲渡損益

株主が非適格合併または非適格分割型分割により対価を受け取った場合には、税務上は次の２つの取引が生じたと考えます。

> ① 株式譲渡収入の受取り
>
> 　対価（時価）のうち被合併法人または分割法人の税務上の資本金等に対応する金額は、株式の譲渡収入と考えられ、株式の譲渡原価と金額が一致しない場合には株式譲渡損益を認識します。
>
> 　なお、対価が合併法人株式または分割承継法人株式のみである場合には、株式譲渡損益は認識しません。
>
> ② みなし配当の受取り
>
> 　対価（時価）のうち①を超える金額をみなし配当として認識します。

### （2）設例

会社設立時の払込資金1,000のＡ社株式100％を過年度に1,500で譲り受けたＢが、Ａ社が被合併法人となる非適格合併を行ったことに伴い、3,000の合併対価（ここでは現金）を受け取った場合を例に考えてみます。

**合併対価を分解すると**

合併対価の時価を（Ａ社の）資本金等1,000と利益積立金額2,000に分解して、Ａ社の株主（Ｂ）は株式譲渡収入1,000と配当金収入2,000を得ると考えます。株式譲渡の取引は、取得原価1,500の株式を1,000で譲渡していると考えられるため、税務上500の株式譲渡損が発生します。みなし配当の取引は、利益積立金を原資とした配当2,000が行われたと考えられるため、

税務上2,000のみなし配当が発生します。

## 3．法人株主および個人株主の課税関係の比較

### （1）法人の場合は配当金益金不算入

　法人がみなし配当を受け取った場合には、通常の配当金を受け取った場合と同様に「受取配当の益金不算入」という非課税措置が適用されます（法法23）。

　これは、みなし配当の原資となる利益積立金は課税済みの利益であり、みなし配当を益金に算入し課税してしまうと二重課税となってしまうためです。

　受取配当の益金不算入制度は、投資株式の保有割合などに応じて非課税割合が異なります。

| | 区分 | 保有割合 | 内容 | 益金不算入額 |
|---|---|---|---|---|
| 1 | 完全子法人株式等（法令22の2） | 100% | 配当の計算期間[※1]を通じて（みなし配当の場合は、効力発生日の前日において）完全支配関係のある法人からの配当 | 受取配当額全額 |
| 2 | 関連法人株式等（法令22の3） | 1/3超 | 発行済株式数（自己株式数除く）の3分の1超を配当の計算期間[※1]（前回の配当基準日の翌日が今回の配当基準日から6月前の日以前である場合は6ヵ月間）を通じて引き続き保有する法人からの配当 | 受取配当額全額－負債利子[※2] |
| 3 | その他の株式等 | 5％超1/3以下 | 1，2，4いずれにも該当しない法人からの配当 | 受取配当額×50% |
| 4 | 非支配目的株式等 | 5%以下 | 発行済株式数（自己株式数除く）の5％以下を配当支払の基準日において保有する法人からの配当 | 受取配当額×20% |

※1　配当の計算期間
　　前回支払われた配当基準日の翌日から今回の配当基準日までの期間（最長12ヵ月）
※2　負債利子
　　株式を保有するために要した借入金の利子、手形売却損等。
　　（支払利子＋手形売却損等）×株式等÷総資産　で算出する。

## （２）個人の場合は累進課税

個人がみなし配当を受け取った場合には配当所得となり、給与所得等のその他の所得と合算し総合課税されます。ここで適用される税率は累進税率であるため、課税所得金額が多額である場合には、高い累進税率が適用され、最高約50％（配当控除考慮後）と税負担が大きくなります。

また、合併法人または分割法人は、「みなし配当額×20.42％（所得税および復興特別所得税）」を源泉徴収し、翌月10日までに税務署に納付しますが、個人では確定申告を行う必要があります。

### 関連論点① 自己株買いによる株式取りまとめ

　株主が分散している場合、通常100％株式取得を希望する譲受企業に譲渡しやすくするため、譲渡企業が事前に同族株主以外の少数株主から株式を取りまとめることが考えられます。この場合、実務的には配当還元価額を下限として譲渡企業と少数株主との合意価額で買い取る形となりますが、税務リスクとして次の検討が必要です。
【詳細：関連書籍「中小企業Ｍ＆Ａ実務必携税務編（第2版）」】

（1）譲渡企業
　自己株買いは資本等取引とされるため、譲渡企業に課税が生じるという条文根拠は見当たりません。

（2）少数株主
　配当還元価額以上での買い取りであれば、みなし譲渡課税（時価の2分の1未満の売買の場合、時価で譲渡したとみなして譲渡所得課税）も考えられません。

（3）既存株主
　オーナーの保有する株式価値が自動的に増額される結果となることが多く、少数株主からオーナーへの贈与税課税リスク（相基通9－2(4)）の検討が必要ですが、現時点でこの課税がされた事例は弊社では見当たりません。

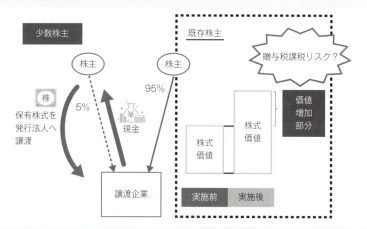

　なお、事前の取りまとめには、税務リスクのほか、法務リスク（詐欺等で取消・無効となるリスク）もあるため、Ｍ＆Ａとは切り離して説明できる段階（たとえば、仲介会社との提携仲介契約締結前）で実施することが望ましいといえます。

## 2-5 みなし配当

**関連論点②**　清算配当を抑えるための過大役員退職金

（1）残余財産の配当時の課税
　会社清算の場面で、残余財産を配当すれば出資の払戻部分（資本金と一致することが多い）を上回る部分が配当課税となり、総合課税され累進税率で最高約50％（配当控除考慮後）の課税がされます。

（2）役員退職金としての課税
　一方で、役員退職金として支給すれば、勤続期間が5年超となる役員への支給であれば退職所得計算において、「×2分の1」できるため、配当課税の半分程度に税負担を抑えることができます。

（3）役員退職金の過大支給
　（1）（2）より、役員退職金を過大に支給することで、配当課税を免れるという手法が考えられますが、本来配当すべきものを役員退職金として支給したとされ、配当課税される可能性もあり得るため留意が必要です。

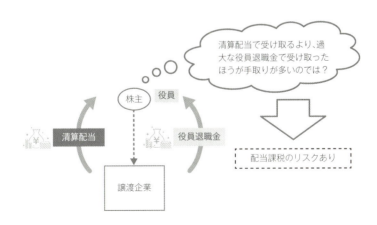

## 2-6 不動産諸税

**point**
- 組織再編に伴い不動産が移転すると、不動産取得税等がかかる
- 合併や一定の会社分割では不動産取得税が免除される
- 不動産取得税が免除されても登録免許税がかかる

| | 不動産取得税 | 不動産の所有権移転に係る登録免許税 |
|---|---|---|
| 株式譲渡 | 不動産は移転しない | 不動産は移転しない |
| 事業譲渡 | 課税対象 | 課税対象 |
| 合併 | 非課税 | 課税対象（ただし、軽減あり） |
| 会社分割 | 4要件満たせば非課税 | 課税対象 |
| 株式交換 | 不動産は移転しない | 不動産は移転しない |
| 株式移転 | 不動産は移転しない | 不動産は移転しない |
| 現物分配【2-7】 | 課税対象 | 課税対象 |

## 1. 不動産取得税および登録免許税

　組織再編に伴って不動産が移転する場合、その組織再編が税制適格であっても税制非適格であっても、原則として不動産取得税および登録免許税が課税されます。

| 税目 | 税額算出概要 | 備考 | 管轄 |
|---|---|---|---|
| 不動産取得税（地方税） | 固定資産税評価額×住宅以外の建物4%、土地3%（平成33年4月〜4%） | 平成33年3月まで、宅地評価土地は、「固定資産税評価額×1/2×3%」 | 都道府県 |
| 登録免許税（国税） | 不動産の所有権移転登記　建物：固定資産税評価額×2%　土地：固定資産税評価額×2% | 土地売買の場合は1.5%（平成31年4月※〜2%）合併の場合は建物・土地いずれも0.4% | 法務局 |

※ 平成31年度税制改正大綱では平成33年4月

## 2．不動産取得税が免除されるケース

不動産取得税については、例外的に合併の場合や次の4つの要件をすべて満たす会社分割の場合等では非課税となります（地法73の7二、地令37の14）。

> ① 会社分割の対価として株式以外の資産が交付されない（株式が交付される分割型分割の場合は分割法人の株主の持株割合に応じて株式が交付されるものに限る）
> ② 分割事業の主要な資産と負債が分割承継法人に承継
> ③ 分割事業が分割承継法人で引き続き継続見込み
> ④ 分割事業の従業者の概ね80％以上が分割承継法人の業務に従事見込み

(ア) 事業が承継されない場合

資産負債のみを承継して、事業を承継しない会社分割もあり得ますが、この場合には前述③の要件を満たすことができません。したがって、不動産取得税が課税されることになります。

(イ) 従業者がいない場合

従業者が存在しない不動産賃貸業の会社分割の場合でも、前述④の要件を満たすという考え方が一般的になっていると思われます。また、実務的には、分割前は分割法人のオーナー社長のみを不動産賃貸業の従業者とし、そのオーナー社長が分割承継法人の業務に従事する形とすることでこの要件を満たした事例も複数あるようです。ただし、都道府県ごとに取扱いが異なる可能性もあるため、管轄の都道府県に事前相談するのがよいでしょう。

## 2-7 現物分配

> **point**
> ・M&A前の非事業用資産の切離し手段として利用可能
> ・完全親会社への現物分配は税制適格として非課税
> ・繰越欠損金、特定資産の譲渡損等の制限には留意

## 1．M&A前の非事業用資産の切離し

### (1) 概要

　会社が行う剰余金の分配は原則として金銭で行われますが、これを金銭以外の現物資産で行うことも認められています。このような剰余金の分配を現物分配といいます（会社法上の現物配当に該当）。

　現物分配には株主総会決議が必要ですが、他の組織再編で必要とされるような債権者保護手続等は必要ないため、短いスケジュールで実行することができます。

　譲渡企業が非事業用資産（不動産、子会社株式、有価証券、関係会社向け債権、不良債権等）を所有している場合、譲受企業または譲渡企業株主において非事業用資産を譲渡対象から除外したいという希望がある場合があります。この際、非事業用資産を譲渡企業から譲渡企業株主（100％親会社）へ売買すると、譲渡企業において譲渡益に課税されたり、譲渡対価が生ずることから株価を圧縮できないという不都合が起こり得ます。

　ここで、非事業用資産の現物分配を行うことで、譲渡企業から非事業用資産を除外することができ、かつ株価を圧縮することもできます。

### (2) 税務上の取扱い

　現物分配が税制適格となることにより、非事業用資産を簿価により移転させることができるため譲渡益課税が発生しません。

なお、現物分配は税制適格、非適格のいずれであっても非事業用資産にかかる消費税等は課税されませんが、不動産取得税および登録免許税は課税されます【2－6】。また、適格現物分配であれば源泉徴収は必要ありませんが、非適格現物分配であれば源泉徴収は必要になります。

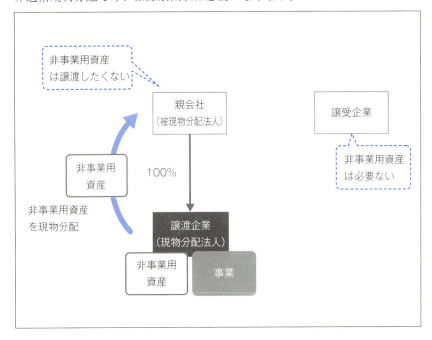

## 2．税制適格要件

　現物分配の適格要件は、現物分配法人と被現物分配法人との間に分配直前において完全支配関係があることのみです（法法２十二の十五）。また、現物分配法人および被現物分配法人は内国法人である必要があります。

　なお、適格現物分配と非適格現物分配の課税上の相違は次のとおりです。

|  | 適格現物分配 | 非適格現物分配 |
|---|---|---|
| 現物分配法人 | 簿価移転により譲渡損益が発生しない | 時価移転により譲渡損益が発生する |
| 被現物分配法人 | 簿価受入れによる受取配当<br>（全額益金不算入の対象） | 時価受入れによる受取配当<br>（受取配当等の益金不算入の対象） |
| 源泉徴収 | 源泉徴収なし | 源泉徴収あり |

## 3．適格現物分配の留意点

　適格現物分配を行った場合、他の適格組織再編と同様に被現物分配法人において繰越欠損金の使用制限および特定資産の譲渡損等の制限があるため注意が必要です【２－４】。

## 2-7 現物分配

**関連論点** 事業の配当はできない

現物分配では、次のように負債等を含めた「事業」を移転できないと考えられています。
（1）会社法上、剰余金の配当の対象は財産とされている（会454①一）。
（2）法人税法上、現物分配は事業の移転を前提としていない。

このため、譲渡企業（100％子会社）の複数事業のうちの1つを譲渡対象外として親会社に残したい場合等では、親会社への会社分割の手法が考えられます。
【詳細：関連書籍「中小企業M＆A実務必携税務編（第2版）」】

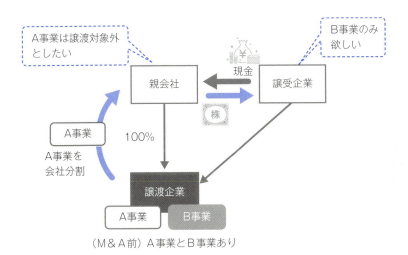

（M＆A前）A事業とB事業あり

## 2-8 グループ法人税制

**point**
- 100％グループ内の内国法人間取引について強制適用
- M&Aに伴い100％関係が崩れることにより生ずる課税に注意

【詳細：関連書籍「中小企業M&A実務必携税務編（第2版）」】

## 1．譲渡損益の繰り延べ

　100％グループ内の内国法人間で土地など一定の資産を譲渡した場合に、会計上の譲渡損益を税務上いったん繰り延べし（法法61の13①）、取得した法人が再譲渡したり、100％支配関係が解消されたときに、譲渡法人側でいったん繰り延べられた譲渡損益を税務上実現させる制度です（法法61の13②③、法令122の14④）。

　M&Aにより100％支配関係が解消されることによる大きな課税が生じる場合もあるため留意が必要です。

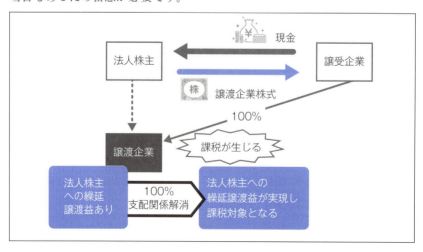

## 2．寄附金と受贈益

100％グループ内の内国法人間で寄附行為を行った場合に、寄附を行った側では損金不算入、寄附を受けた側では益金不算入とし、結果として課税を生じさせない制度です（法法37②、25の2①）。

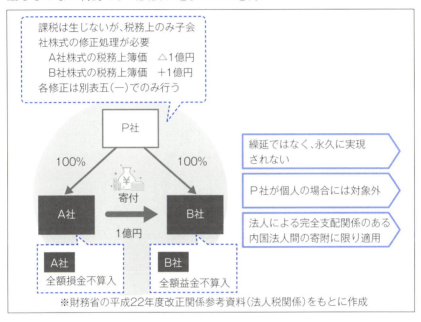

## 3．適格現物分配

100％子会社から親会社への現物分配は、子会社、親会社いずれも無税で実施できます（法法62の5③④）【2－7】。

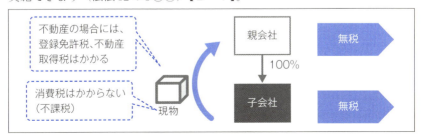

## 4. 清算

完全支配関係のある内国法人を清算する場合、残余財産確定時には次の取扱いとなります。

(1) 法人株主では、清算法人の株式消却損を損金算入できない（法法61の2⑰）。
(2) 法人株主の持分割合に応じて、清算法人の繰越欠損金残高を引き継げる（法法57②）。ただし、50％超の支配関係が5年経過せずに清算した場合には制限ルールがあります。

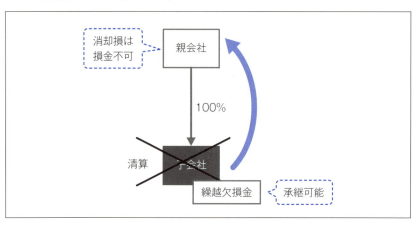

## 5．自己株買い

　100％グループ内で株式をその発行会社へ譲渡した場合、株式譲渡損益は発生しません（法法61の2⑰）。

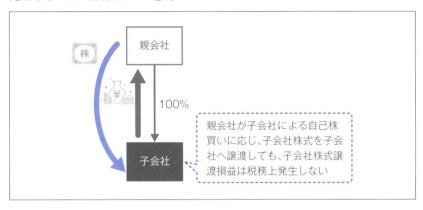

# 2-9 連結納税

**point**
- 100％子会社となった法人を制度の対象外とはできない
- 譲受企業・譲渡企業が連結納税グループに該当するか確認する必要がある

【詳細：関連書籍「中小企業M&A実務必携税務編（第2版）」】

## 1．子会社加入

譲渡企業株式を連結納税グループに100％株式譲渡した場合の主な留意点は次のとおりです。

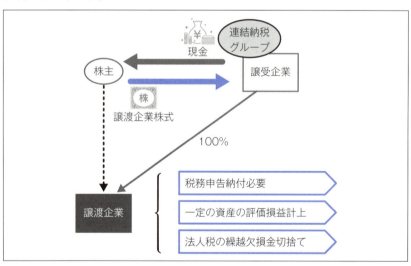

（1）申告納付

「株式の引渡日の前日」または「株式の引渡日の前日の属する月の月次決算期間の末日」で決算を締め、2ヵ月以内に税務申告納付が必要です。

（2）一定の資産の評価損益の計上

土地などの一定の資産の評価損益を税務上計上する必要があります。

### (3) 法人税の繰越欠損金の切捨て

法人税の繰越欠損金は切捨てとなりますが、地方税では切捨てになりません。

## 2．子会社離脱

連結納税グループがその100％子会社株式をM&Aにより譲渡した場合の主な留意点は次のとおりです。

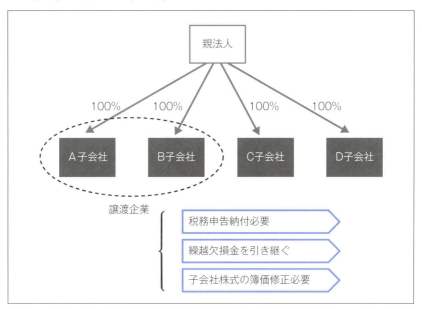

### (1) 申告納付

引渡日の前日で離脱する子会社の決算を締め、2ヵ月以内に税務申告納付が必要です。

### (2) 繰越欠損金

連結欠損金のうち譲渡企業に帰属する金額は単体の繰越欠損金として引き継がれます。

### (3) 子会社株式の簿価修正

連結納税適用期間中のその子会社の税務上の利益積立金増減額分だけ、税務上の子会社株式簿価を修正する必要があります。

## 2-10 スクイーズアウト

**point**
- 少数株主から強制的に株式を買い取る手続
- スクイーズアウト手法にかかる税務上の取扱いが統一された
- 株式交換、合併がスクイーズアウト手法として使いやすくなった

■スクイーズアウト　各手法の課税関係

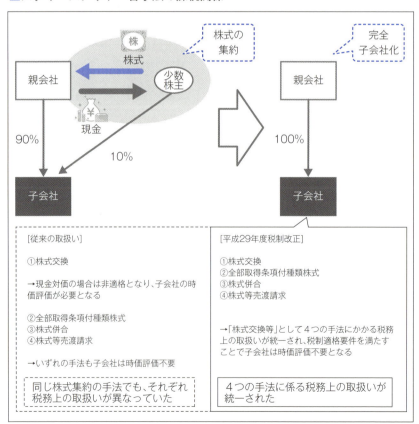

## 1. M&Aと株式の集約

　相続による株式の分散、従業員への移転や重要取引先との株式持合いなど、理由は様々ですが、相応に業歴のある法人であれば長い歴史の中で少しずつ株主の分散が進んでいることが珍しくありません。このような法人がM&Aを実行するにあたっては、分散している株式の集約の検討が必要となります。株式の集約にあたり、まずは個々の株主と相対で取引をすることが考えられます。しかし、多数の株主が存在する場合には株式の集約に多大な労力を要することになるうえ、株式の買取りに反対する株主がいればより煩雑なやり取りが必要になることが想定されます（株主の分散の主な対応は【１－２－１の関連論点】）。このようなケースにおいては、少数株主から株式を強制的に取得する手続＝スクイーズアウトの活用が考えられます。スクイーズアウトの手法については、平成26年会社法改正などここ数年で法的な整備が進められており、さらに平成29年度税制改正で重要な改正が生じています。

## 2. スクイーズアウトの手法

　従来からスクイーズアウトの手法としては主に次の４つがありました。
（１）株式交換
（２）全部取得条項付種類株式
（３）株式併合
（４）株式等売渡請求

### （１）株式交換

　【１－２－４】で見たとおり、株式交換は２つの会社に100％の親子関係を生じさせるM&Aの手法です。しかしながら、株式交換の対価を株式とした場合には完全親法人株主に完全子法人株主が流入することとなってしまいます。そこで対価を現金等にすることで完全子法人株主が完全親法人株主となることを防ぐことが可能となりますが、この場合は税務上の非適格組織再編となり関係当事者に課税が生じてしまいます。

### (2) 全部取得条項付種類株式

　種類株式のひとつとして導入された全部取得条項付種類株式は、もともとは企業再生の場面で使われることを想定した手法といわれています。全部取得条項付種類株式を活用したスクイーズアウトは、株主総会の特別決議で普通株式のすべてに全部取得条項を付します。その後、少数株主に端株が割り当てられるような交換比率を設定したうえで、全部取得条項の発動により支配株主にのみ株式を交付します。端株について現金買取りを行うことにより、結果として株式の集約を実現します（会108①七）。

### (3) 株式併合

　株式併合は、発行済株式数を減少させることを目的に、複数の株式を1株に併合する手法です。平成26年会社法改正により少数株主保護等の整備が行われ、スクイーズアウトの一手法として活用される場面が増えました。株式併合の単位を大きくして端株を生じさせることにより、結果として株式の集約を実現します（会180）。

### (4) 株式等売渡請求

　平成26年会社法改正で導入された制度です。議決権の90％以上を保有する大株主（特別支配株主）は、対象会社に対して売渡請求の通知等を行うことで少数株主から現金で株式を買い取ることが可能となります。なお、当該手法による場合、株主総会の特別決議は不要であり、取締役会決議のみで実行することが可能です（会179）。

## 3. スクイーズアウト手法にかかる課税関係の整理
（平成29年度税制改正）

### (1) 税務上の取扱いの統一

　前述の4つの手法はいずれも支配株主に株式を集約することを目的とするものであり、出来上がりの状態がほぼ同様であるにも関わらず、株式交換とそれ以外の手法で税務上の取扱いが異なっていました。

　平成29年度税制改正により、これらスクイーズアウトの各手法にかかる税務上の取扱いが統一されました。税務上、これら4つの手法は「株式交換

等」というカテゴリーに区分され、前述（2）（3）（4）の手法は（1）株式交換と同じように50%超支配関係がある法人間の税制適格要件を満たすかどうかで簿価移転・時価移転が決まることになります。なお、税制適格要件を満たさない場合には株式交換等完全子法人の一定の資産につき時価評価が必要となりますが、これまでその取扱いが明確ではなかった営業権（自己創設のれん）につき時価評価の対象外とされました【2－2の関連論点】。

### （2）株式交換、合併の税制適格要件の改正

　平成29年度税制改正において、スクイーズアウトの一手法として株式交換および合併の活用の幅が広がるような税務上の取扱いが導入されました。税制適格要件を満たすには原則として対価が株式であることが要求されますが、株式交換完全親法人と株式交換完全子法人または合併法人と被合併法人の間に3分の2以上の支配関係がある場合に、50%超支配関係がある法人間の株式交換または合併にかかる他の税制適格要件を満たしていれば、現金対価であっても適格組織再編となりました（税制適格要件は【2－1】）。

　これら課税関係の整理により、今後はM&Aにおける株式集約の手法として株式交換および合併の活用が進むものと想定されます。

■ 株式交換

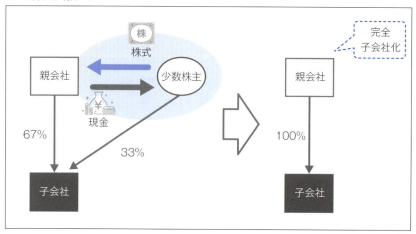

■ 合併

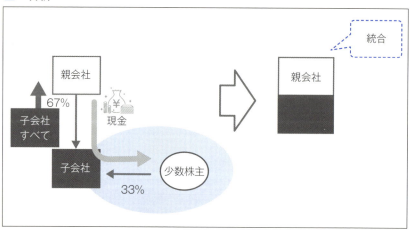

少数株主への交付対価が現金でも他の要件を満たせば適格となり簿価移転

# 第三章

手法ごとの比較

## M&Aはこうやって使いこなす

## 3-序 事例から「ツール」を使いこなすイメージを持とう

**point**
- 「ツール」を使いこなすためには、実務での活用事例を疑似体験し、思考回路をイメージすることが重要
- 会計、税務、法務をバランスよく理解することが必要

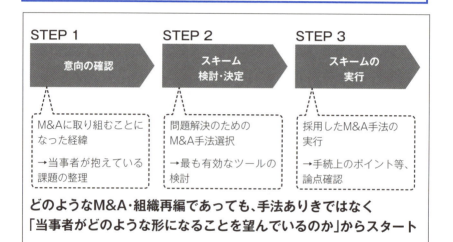

## 1．はじめに

　第一章、第二章では、M&A手法、すなわち「ツール」の特徴とその活用にあたってのポイントを中心に解説してきました。いわば取扱説明書のような内容でしたので、第三章ではこれらの「ツール」を活用してどのように経営上の課題を解決できるのか、事例に沿って確認していきます。

　なお、各事例は実際に弊社が関与した案件をモチーフに構成したものですが、テクニカルな論点については、実際の趣旨を損なわないことを心がけて記述しています。実務におけるM&A活用の思考回路・アプローチをイメージして読み進めてください。

## 2．第三章の構成

　本章では、各事例について、「事例概要/スケジュール/実行イメージ」を冒頭に示したうえで、課題解決に向けた取組みについて3つのSTEPで紹介しています。事例を通じてM&Aによるソリューションを疑似体験していただくことを主眼に置いています。

　冒頭では、各事例のサマリーパートとして、M&A実行にかかる当事者や手続等のスケジュール、そして、どのようなM&A手法を「ツール」として活用したのかを図表を交え紹介しています。当該パートにおいて、まずは事例に関する全体像を確認・把握していただきます。

　STEP 1では、それぞれの当事者がM&Aに取り組むことになった経緯などを記載しています。M&Aに取り組む目的は皆様々であるものの、読者の皆様の身近にもきっと同じような課題を抱えている企業様がいらっしゃると思いますので、M&A事例の背景に触れることで実務におけるM&A活用の参考にしていただけると幸いです。

　STEP 2では、M&Aを実行するためのスキーム検討の過程を記載しています。各事例とも株式譲渡等のシンプルな手法だけでは解決できない課題を抱えているので、そのような課題についてどのように「ツール」を選択したのか、解決までのアプローチを疑似体験していただけると思います。

　STEP 3では、STEP 2で決定したスキームを実行するにあたっての、主に契約締結から決済までの流れが記載されています。M&A実務では、本書で記載されている以上の細かい手続が必要となりますが、本書の趣旨に沿って、会社法の手続を中心に汎用的な内容に留めています。また、当該「ツール」の会計上および税務上の取扱いもあわせて記載しています。第一章と重複する部分もありますが、あらためて事例と絡めて記載していますので、理解を深めていただければと思います。

　なお、スケジュール上に「提携仲介契約」の記載がありますが、これは弊社と譲渡企業（含む主要株主）、弊社と譲受企業との間で受託時にそれぞれ締結している契約のことです。M&A手法とは無関係ですが、各事例の成約までの時間軸を示すために記載しています。

## 3-1 分社型新設分割+株式譲渡
一部事業を切り出し第三者承継する際の定番手法

### point
・従業員等を包括承継させるため、事業譲渡ではなく会社分割を選択
・引き継がれる従業員の退職金や賞与にかかる引当が多額だが資産は少額である場合、新設される会社は設立時より債務超過の状態となることもある

### 事例概要

|  | 譲渡企業 | 譲受企業 |
|---|---|---|
| 業種 | コンテンツ制作業 | 動画配信業 |
| 所在地 | 関東 | 関東 |
| 譲渡理由 | 選択と集中 | ― |
| スキーム | 分社型新設分割+株式譲渡 | |

### スケジュール

|  | 譲渡企業 | 譲受企業 |
|---|---|---|
| X年9月中旬 | 提携仲介契約締結 | ― |
| X年11月下旬 | ― | 提携仲介契約締結 |
| (X+1)年2月中旬 | 基本合意契約締結 | |
| (X+1)年3月中旬 | デューデリジェンス※ | |
| (X+1)年4月上旬 | 株式譲渡契約締結 | |
| | 新設分割計画書作成 | ― |
| 〜 | 新設分割諸手続 | ― |
| (X+1)年6月上旬 | 新設分割効力発生日 | ― |
| | 株式譲渡実行(譲渡日) | |

※ 譲受企業が実施する譲渡企業の調査のことです。調査対象は財務、税務、法務、労務、事業、環境等多岐に渡りますが、弊社が関わる案件では、財務(含む税務)、法務(含む労務)が調査対象となることが一般的です。

**実行イメージ**

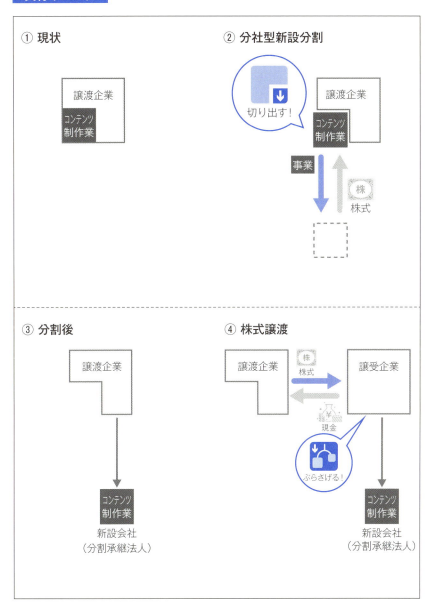

## STEP 1　意向の確認

### 譲渡企業側

　譲渡企業はコンテンツ制作事業やイベント・パーティーの企画運営事業を主とする会社ですが、今後、イベント企画運営事業に集中するため、他事業の譲渡を検討していました。譲渡対象であるコンテンツ制作業は譲受企業の動画配信業を担うために作られたという経緯がありました。そのため、もともと譲渡企業の従業員の大部分は譲受企業の社内で働いていたので、M&Aを実施した後も従業員の労働環境には変化がないことが想定されていました。そのような中で、譲渡企業は譲渡対象事業の従業員全員を引き継ぐことや労働条件を維持することを希望していました。また長年の協業関係の中で両社の従業員同士でも関係が構築されていたため、M&Aに関する情報が漏洩することや、譲受企業から譲渡企業の従業員への直接交渉による事業価値の毀損を懸念していました。

### 譲受企業側

　譲受企業は譲渡企業と同エリアで動画配信事業を行っていました。長年コンテンツの制作については譲渡企業に外注することで事業を続けてきました。M&Aによって譲渡企業のコンテンツ制作事業部を譲り受けることで慢性的な人材不足を解消すること、余剰人員を他部署へと配置転換することで無駄な部分を省き会社全体として制作コストを削減すること、自社のグループ内に制作部門を取り入れることで緊密に連携をとりながらよりよいコンテンツの制作を行うことができると考えていました。

3-1 分社型新設分割+株式譲渡

## STEP 2　スキーム検討・決定

### 会社分割の選択

　譲渡企業からコンテンツ制作業のみを切り離し譲受企業に譲渡する必要がありました。そこで分社型の新設分割で譲渡対象事業を新設会社へ包括的に引き継いだ後、新設会社の株式を譲受企業に譲渡する方法を選択しました。

　事業譲渡ではなく会社分割を選択した理由は、譲渡企業と譲受企業の労務面での規定に違いがあることから譲受企業の一部門として引き継ぐのは適切ではなかったためです。受皿会社を設立して、事業譲渡を行うことも考えられましたが、対象事業には40名超の従業員が従事しており、本件では、当該従業員の承継が非常に重要でした。そのため、従業員をいったん譲渡企業で退職扱いとした後、譲受企業において再雇用する取扱いになる事業譲渡より、労働契約が包括承継される会社分割の方がM＆Aを機に従業員が退職する可能性が相対的に低いと考えられたことから分社型新設分割により対象事業を承継させる手法を選択しました。

### 分社型か分割型か？

　会社分割の手法として分社型分割、分割型分割いずれの手法を用いるかといった点も論点になりました。

　本件のように事業の切り出し後に分割承継法人株式を第三者に譲渡することを想定している場合は、非適格分割となります。非適格分割の場合、分割法人は移転資産負債を時価にて移転したものとして課税関係が生じることになりますが、これは分社型分割、分割型分割いずれを行った場合であっても同様です。

　他方で非適格分割型分割の場合の分割法人株主の課税関係は、【2－5】のとおりみなし配当課税が生じることになります。本件の場合、分割法人株主が個人であったため、当該みなし配当が所得税において総合課税となり、多額の税負担が生じることが見込まれたことから、分割法人株主に課税が生じない分社型分割を選択しました。

199

### 債務超過の会社の設立

　譲渡対象の事業は譲受企業の社内で行われており、コンテンツ制作に使用する機器、設備等は基本的には譲受企業が保有するものを使っていたため、譲渡企業が保有する対象事業供用資産はほとんどありませんでした。一方で譲渡対象事業の従業員の退職給付引当金、賞与引当金等については新設会社に引き継ぐ必要があったので新たに設立される会社は設立時から債務超過の会社となることが見込まれていました。このため、このような新設会社が債務超過となる会社分割が行えるのか論点となりましたが、本件のように新設会社が債務超過となる場合の会計処理が会社計算規則に定められていることから特段問題はないと判断されました（会計規49②但書）。

## STEP 3　スキームの実行

### スケジュール

|  | 譲渡企業 | 譲受企業 |
|---|---|---|
| （X＋1）年4月上旬 | 取締役会決議 | 取締役会決議 |
|  | 株式譲渡契約締結 ||
|  | 新設分割計画書作成 | ― |
| （X＋1）年4月中旬 | 労働者の理解と協力を得るための協議 | ― |
|  | 労働契約の承継に関する協議 | ― |
| （X＋1）年4月下旬 | 事前開示書面の備置 | ― |
|  | 債権者保護手続 | ― |
|  | 労働契約承継法に基づく従業員への通知等 | ― |
| （X＋1）年5月上旬 | 株主総会招集通知の発送（株主への通知） | ― |
| （X＋1）年5月中旬 | 株主総会特別決議 | ― |
| （X＋1）年6月上旬 | 新設分割効力発生日 | ― |
|  | 株式譲渡実行（譲渡日） ||
|  | 事後開示書面の備置 ||

### 手続

#### 1. 株式譲渡契約書

　新設分割の手続に先立ち譲渡企業と譲受企業との間で株式譲渡契約を締結しました。当該契約では譲渡日までの売主（譲渡企業）の義務として、新設分割手続の履行を定めており、これにより会社分割で新たに設立される株式会社の株式譲渡が確実に行われるようにしています。

　その他、株式譲渡契約書には、譲渡対象事業にかかる表明保証条項、損害賠償条項なども定められています。

#### 2. 新設分割計画書作成

　新設分割計画書は、譲渡企業において作成します。譲受企業にとっても重要な内容となるため、新設分割計画書の内容は株式譲渡契約書に別紙として

添付しました。従業員の承継が本件の重要課題であったことから、譲渡対象事業の従業員全員を退職給付引当金とともに記載しています。

### 3．債権者保護手続

本件では譲渡対象事業の債務を承継対象としていることから、債権者保護手続を実施しています（会810①二）。具体的には、分割法人が官報公告に加えて、債権者に対する個別催告を行っています（会810②）。

### 4．株主総会基準日設定公告

株主総会で議決権行使をする株主を特定するために、株主総会に先立って株主総会基準日の設定公告をすることがありますが、本件では、株主の異動がないことが確実であったことから、設定公告を省略しています。

### 5．株主総会招集手続

株主総会開催のためには、非公開会社※の場合、株主総会の1週間前までに、招集通知を発する必要があります（会298①④、299①）。本件においても、当該規定に従って、株主に対する通知と合わせて1週間前に招集通知を発送しています。

> ※ 公開会社以外の株式会社のことであり、発行する株式にすべて譲渡制限がついている株式会社のことを指します。

### 6．株主に対する通知公告

組織再編では、当該議案に反対する株主は株式買取請求ができます（会785①、797①、806①）。当該反対株主の権利行使のため、株主総会決議の日から2週間以内に、株主に対して通知または公告が必要とされています（会806③④）。本件では、前述のとおり株主総会招集通知と兼ねて株主への通知を行っています。なお、株主総会決議の日から2週間以内という制限が定められていますが、本件のように株主総会よりも前に株主に対して通知を行うことは問題ありません。

### 7．労働者保護手続

会社分割においては、分割対象事業に従事する従業員が強制的に分割承継法人に承継されることから、当該従業員を保護するため、「会社分割に伴う労働契約の承継等に関する法律」（労働契約承継法）の定めに従うことが求

められます。具体的には、株主総会の2週間前の日の前日までに分割対象事業に従事している者に対して書面による通知や当該通知までに個別に従業員と協議することなどが求められます。

　譲渡対象事業に従事する従業員はパートを含めると40名超でした。従業員の退職リスクを考慮し従業員に対する説明会を前倒しで設定し、譲渡企業の社長がM＆Aおよび会社分割の説明を行いました。

### 会計

本件のような分社型分割の会計上の取扱いは次のとおりです。

#### 1．譲渡企業（分割法人）

「共通支配下の取引」にかかる会計処理に準じて処理するものとします【1－1－4】。したがって、会計上は当該取引において移転損益は計上しないことになります（分離基17(1)、87、結合指226、260）。また、本件のように移転事業にかかる株主資本相当額がマイナスとなる場合には、当該マイナス額を「組織再編により生じた株式の特別勘定」等、適切な科目をもって負債に計上することになります（結合指226、260）。なお、当該特別勘定は、分割承継法人株式の売却に伴い利益に振り替えられます。

| 借方 | 金額 | 貸方 | 金額 |
|---|---|---|---|
| 事業諸負債 | 200 | 事業諸資産 | 100 |
|  |  | 特別勘定 | 100 |

#### 2．分割承継法人

移転する資産および負債は移転直前の適正簿価により計上されます（結合基41、結合指227(1)、261）

本件のように移転事業にかかる株主資本相当額がマイナスとなる場合においては、以下のように、設立時の資本金はゼロで利益剰余金はマイナスとして処理を行います（結合指227(2)、261）。

| 借方 | 金額 | 貸方 | 金額 |
|---|---|---|---|
| 事業諸資産 | 100 | 事業諸負債 | 200 |
| その他利益剰余金 | 100 |  |  |

## 税務

本件のような非適格分社型分割の税務上の取扱いは次のとおりです。

### 1．譲渡企業株主

課税関係は生じません。

### 2．譲渡企業（分割法人）

交付を受ける分割承継法人株式の価額と移転資産負債の簿価純資産価額との差額を損益として処理することになります（法法62①）。

| 借方 | 金額 | 貸方 | 金額 |
|---|---|---|---|
| 事業諸負債 | 200 | 事業諸資産 | 100 |
| 分割承継法人株式※ | 50 | 譲渡益 | 150 |

※ 分割承継法人株式の譲渡対価を50と仮定

### 3．分割承継法人

分割承継法人では、移転資産負債を時価で受け入れます。また、純資産は全額資本金等の額が増加することになります。

当該分割効力発生後には、分割承継法人株式が譲渡されますが、当該譲渡対価が、移転資産負債の時価純資産価額を上回る場合には、資産調整勘定が計上され、償却費を損金計上できます（法法62の8①④）。

| 借方 | 金額 | 貸方 | 金額 |
|---|---|---|---|
| 事業諸資産 | 150 | 事業諸負債 | 200 |
| 資産調整勘定 | 100 | 資本金等の額 | 50 |

## 3-2 共同新設分割+株式譲渡（+無対価合併）
### 組織再編を活用し、事業ポートフォリオ整理と第三者承継を実現

### point
- 会社分割により、譲渡企業を資産管理会社として利用が可能
- 会社分割により、分割承継法人においてのれんの節税効果の享受が可能
- 無対価合併が適格合併の要件を充足しているかどうかに留意

### 事例概要

|  | 譲渡企業 | 譲受企業 |
|---|---|---|
| 業種 | 飲食業 | 飲食業 |
| 所在地 | 北陸 | 北陸 |
| 譲渡理由 | 後継者不在 | — |
| スキーム | 共同新設分割＋株式譲渡　無対価合併 | |

### スケジュール

|  | 譲渡企業 | 譲受企業 |
|---|---|---|
| X年1月中旬 | 提携仲介契約締結 | — |
| X年4月中旬 | — | 提携仲介契約締結 |
| X年5月中旬 | 基本合意契約締結 | |
| X年5月下旬 | デューデリジェンス | |
| X年6月中旬 | 株式譲渡契約締結 | |
| | 新設分割計画書作成 | — |
| 〜 | 新設分割諸手続 | — |
| X年8月上旬 | 新設分割効力発生日 | — |
| | 株式譲渡実行（譲渡日） | |

3-2 共同新設分割+株式譲渡（+無対価合併）

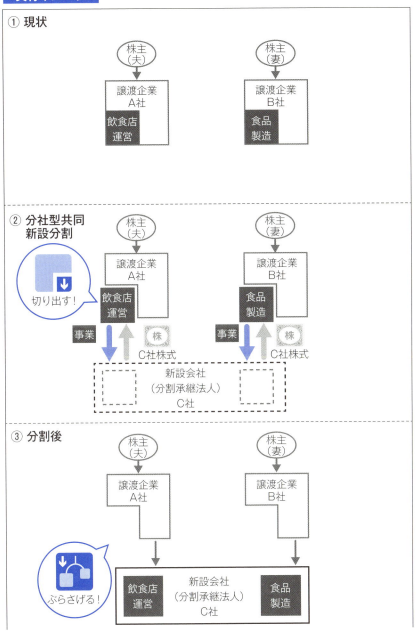

④ **株式譲渡Ⅰ**

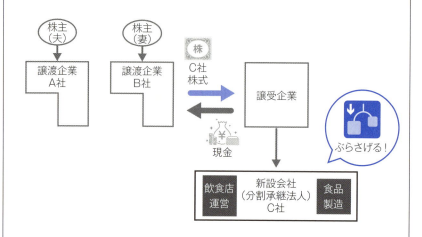

⑤ **株式譲渡Ⅱ**

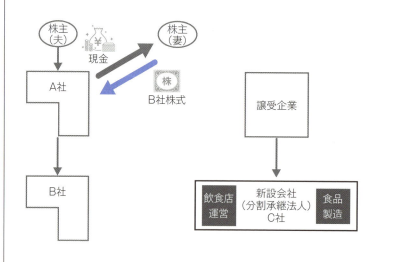

3-2 共同新設分割+株式譲渡（+無対価合併）

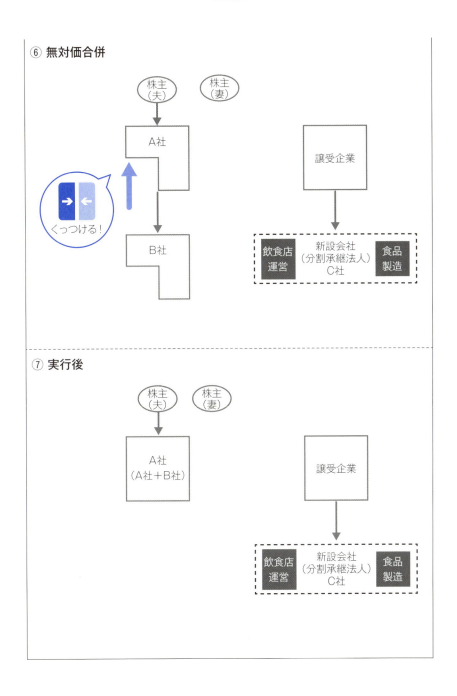

## STEP 1　意向の確認

### 譲渡企業側

　譲渡企業は夫婦で営むA社とB社の2法人です。A社は複数店舗を運営する老舗の飲食店であり、B社はA社で提供するフードの一部を製造していました。すなわち、法人は2社存在するものの、譲渡対象となる事業は飲食業という単一の業態でした。

　A社は店舗不動産、B社は工場不動産を所有しており、A社は夫が、B社は妻がそれぞれ株主となっていました。譲渡企業株主両名（夫妻）はこれらの不動産をM&A後も所有し続けたいという意向がありました。また、将来の相続を見据えて、資産管理会社をとおしてこれらの不動産を所有したいという意向もありました。

### 譲受企業側

　譲受企業は譲渡企業と同じエリアに本社を構える飲食業を営む会社でした。老舗である譲渡企業のブランド力に魅力を感じ、老舗飲食店の事業継続のためにも譲り受けたいという意向がありました。

　譲受企業は譲渡企業株主の店舗および工場不動産を継続所有したいという意向に理解を示すとともに、現在A社とB社の2社に分かれている事業を譲受後は一つにまとめたい意向がありました。

　さらに、譲受価額ののれん部分を償却することにより法人税法上の節税を図りたい意向もありました。

## STEP 2　スキーム検討・決定

### 会社分割の選択

　譲渡企業2社の飲食店事業と不動産を切り離し、譲渡企業株主の資産管理会社を設立する必要がありました。そこで、A社およびB社が運営する飲食店事業を共同新設分割により分割承継法人C社へ切り出し、C社株式を譲受企業へ譲渡することにしました。

　事業譲渡ではなく会社分割を選択した理由は、A社が立地の良い商業地区に入居していることから、賃貸人の立場が強いことが憂慮されたためです。会社分割では賃貸借契約が包括承継されるのに対して、事業譲渡では賃貸借契約が当然には承継されないため、原則として賃貸人との交渉が必要となります。また、A社およびB社から不動産ではなく飲食店事業を切り離した理由は、当該共同新設分割が非適格分割に該当するため、C社で税務上ののれん（資産調整勘定）が計上できるためです。税務上ののれんの償却により、C社は節税効果を享受できます。なお、不動産を会社分割により切り離した場合、飲食店事業が残るA社およびB社において、のれんは計上されません。

### M&A後のA社およびB社の無対価合併

　M&A後、A社の株式を夫が、B社の株式を妻が所有していました。譲渡企業株主としてはA社およびB社の2社が存在する必要がなく、またB社に税務上の繰越欠損金があったため、A社を合併法人、B社を被合併法人とする吸収合併をすることにしました。

　ところで、B社は債務超過で株主価値がゼロであったため、合併によりB社株主（妻）へ交付する株式数を算定できませんでした。ここで、もしB社株主へA社株式を交付しない無対価合併を行うと税務上の問題があります。すなわち、ここでの無対価合併は非適格合併となり、A社はB社の税務上の繰越欠損金を引継ぐことができません（A社とB社の株主は夫婦であるものの、次頁の「一の者による合併法人と被合併法人の株主構成が同じである場合」に該当しないためです）。そこで、B社株主（妻）が所有するB社株式を備忘価額1円でA社へ譲渡し、親子関係にあるA社とB社を無対価合併

させました。この無対価合併は適格合併になり、A社はB社の税務上の繰越欠損金を引継ぐことができました。

なお、無対価合併が適格合併となる典型例は、「合併法人が被合併法人を100％支配している場合」、「一の者による合併法人と被合併法人の株主構成が同じである場合」です（法令4の3②）。

■合併法人が被合併法人を100％支配している場合

■一の者による合併法人と被合併法人の株主構成が同じである場合

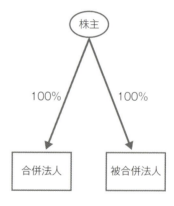

## STEP 3　スキームの実行

### スケジュール

|  | 譲渡企業 | 譲受企業 |
|---|---|---|
| X年6月中旬 | 取締役会決議 | 取締役会決議 |
|  | 株式譲渡契約締結 ||
|  | 新設分割計画書作成 | — |
|  | 事前開示書面の備置 | — |
|  | 労働者の理解と協力を得るための協議 | — |
|  | 労働契約の承継に関する協議 | — |
|  | 労働契約承継法に基づく従業員通知 | — |
| X年7月中旬 | 株主総会招集通知発送（株主への通知） | — |
| X年7月下旬 | 株主総会特別決議 | — |
| X年8月上旬 | 在庫の棚卸 | — |
|  | 新設分割効力発生日 | — |
|  | 株式譲渡実行（譲渡日） ||
|  | 事後開示書面の備置 ||

### 手続

#### 1．株式譲渡契約書

　新設分割の手続に先立ち共同新設分割を行う譲渡企業A社およびB社と譲受企業との間で株式譲渡契約を締結しました。当該契約では譲渡日までの売主（譲渡企業）の義務として、新設分割手続の履行を定めており、これにより会社分割により新たに設立される株式会社の株式譲渡が確実に行われるようにしています。また、飲食店の一部は賃借店舗で行っており、定期建物賃貸借契約の期間満了が近付いていたため、当該会社分割により新たに設立されるC社と新たな定期建物賃貸借契約を締結することが譲渡日までの義務とされていました。

　その他、株式譲渡契約書には、譲渡対象事業にかかる表明保証条項、損害賠償条項なども定められています。

## 2．新設分割計画書作成

新設分割計画書は、共同新設分割を行う譲渡企業A社およびB社において作成します。譲受企業にとっても重要な内容となるため、新設分割計画書の内容は株式譲渡契約書に別紙として添付しました。

## 3．債権者保護手続

分社型の新設分割では、会社分割効力発生後に分割法人に対し債務の履行を請求することができない分割法人の債権者が存在しない場合、債権者保護手続が不要となります（会810①二）。本件では、分割法人の債務を会社分割の対象としなかったことから、債権者保護手続を実施していません。

## 4．株主総会基準日設定公告

株主総会で議決権行使をする株主を特定するため、株主総会に先立って株主総会基準日の設定公告をすることがありますが、本件ではA社もB社も株主の異動がないことが確実であったことから、設定公告を省略しています。

## 5．株主総会招集手続

株主総会開催のためには、非公開会社※の場合、株主総会の1週間前までに、招集通知を発する必要があります（会298①④、299①）。本件においても、当該規定に従って、株主に対する通知と合わせて1週間前に招集通知を発送しています。

> ※ 公開会社以外の株式会社のことであり、発行する株式にすべて譲渡制限がついている株式会社のことを指します。

## 6．株主に対する通知公告

組織再編では、当該議案に反対する株主は株式買取請求ができます（会785①、797①、806①）。当該反対株主の権利行使のため、株主総会決議の日から2週間以内に、株主に対して通知または公告が必要とされています（会806③④）。本件では、前述のとおり株主総会招集通知と兼ねて株主への通知を行っています。なお、株主総会決議の日から2週間以内という制限が定められていますが、本件のように株主総会よりも前に株主に対して通知を行うことは問題ありません。

## 7．労働者保護手続

　会社分割においては、分割対象事業に従事する従業員が強制的に分割承継法人に承継されることから、当該従業員を保護するため、「会社分割に伴う労働契約の承継等に関する法律」（労働契約承継法）の定めに従うことが求められます。具体的には、株主総会の２週間前の日の前日までに分割対象事業に従事している者に対して書面による通知や当該通知までに個別に従業員と協議することなどが求められます。

　本件は、飲食業であるためパートを含めると従業員が多数となります。そのため、正社員への説明会を設定し、譲渡企業の社長がM&Aおよび会社分割の説明を行いました。そして、各店舗において正社員からパートへM&Aおよび会社分割の説明を行いました。

## 8．在庫の棚卸

　会社分割や事業譲渡のように事業を切り出すスキームでは、効力発生日前日における在庫金額を確定させるべく、実地棚卸を行うことがあります。中小企業の場合、今ある在庫の数量・金額は実地棚卸しなければわからないという会社も多くあり、このようなケースでは実地棚卸が必要になります。また、在庫管理データで随時在庫金額が確認できる場合には、在庫金額の重要性や管理状況等を勘案して、譲渡企業と譲受企業が協議により実地棚卸の要否を決定します。本件では、実地棚卸をしなければ在庫金額がわからない状況であったため、新設分割効力発生日の前日に食材・飲料等の棚卸を実施しました。

## 9．商号変更

　新設分割の登記をすることで分割承継法人C社が設立されました。また、分割承継法人の商号を譲渡企業A社と同名とし、かつ譲渡企業A社の商号を変更したことから、分割承継法人C社において免責登記を行いました。分割承継法人が分割法人の商号を引続き使用する場合には、分割承継法人も分割法人の事業によって生じた債務を弁済する責任を負うのが原則です（会22①）。しかしこの場合は、分割承継法人において免責登記することで、分割法人の事業によって生じた債務を分割承継法人が弁済する責任を負わない形とすることができます（会22②）。

## 会計

### 1．共同新設分割

本件のような分社型分割の会計上の取扱いは次のとおりです。なお、共同新設分割も単独新設分割も同じ処理となります。

#### （1）譲渡企業（分割法人）

「共通支配下の取引」にかかる会計処理に準じて処理するものとします【1－1－4】。したがって、会計上は当該取引において移転損益は計上しないことになります（分離基17（1）、87、結合指226、260）。なお、本件のような共同新設分割の処理は、会計基準に明示されていませんが、単独新設分割同様の処理になると考えられます。

| 借方 | 金額 | 貸方 | 金額 |
| --- | --- | --- | --- |
| 事業諸負債 | 80 | 事業諸資産 | 300 |
| 分割承継法人株式 | 220 | | |

#### （2）分割承継法人

移転する資産および負債は移転直前の適正簿価により計上されます（結合基41、結合指227（1）、261）

| 借方 | 金額 | 貸方 | 金額 |
| --- | --- | --- | --- |
| 事業諸資産 | 300 | 事業諸負債 | 80 |
| | | 払込資本※ | 220 |

※ 増加すべき払込資本の内訳（資本金、資本準備金またはその他資本剰余金）は、新設分割計画書において定めた金額となります（結合指227（2）、261、会計規45②、46②二、51）。なお、実務上は登録免許税などを少なくするため、資本金を少なくしその他資本剰余金を多く計上するケースが多いと思われます。

### 2．無対価合併

本件では、A社を合併法人、B社を被合併法人として吸収合併が行われており、会計上の取扱いは共通支配下の取引として次のように処理されます（結合指205、206）。

## 3-2 共同新設分割+株式譲渡（+無対価合併）

（合併法人（A社））

| 借方 | 金額 | 貸方 | 金額 |
|---|---:|---|---:|
| 諸資産 | 200 | 諸負債 | 80 |
| B社株式 | 1 | 資本金 | 10 |
|  |  | 利益剰余金 | 111 |
| 計 | 201 | 計 | 201 |

（被合併法人（B社））

| 借方 | 金額 | 貸方 | 金額 |
|---|---:|---|---:|
| 諸資産 | 100 | 諸負債 | 150 |
|  |  | 資本金 | 10 |
|  |  | 利益剰余金 | △60 |
| 計 | 100 | 計 | 100 |

（合併法人（A社）の仕訳）

| 借方 | 金額 | 貸方 | 金額 |
|---|---:|---|---:|
| 諸資産 | 100 | 諸負債 | 150 |
| 抱合せ株式消滅差損※ | 51 | B社株式 | 1 |

※ B社株式の簿価とB社純資産の簿価との差額は、特別損益（抱合せ株式消滅差損益）として計上されます（結合指206）。

（合併後）

| 借方 | 金額 | 貸方 | 金額 |
|---|---:|---|---:|
| 諸資産 | 300 | 諸負債 | 230 |
|  |  | 資本金 | 10 |
|  |  | 利益剰余金 | 60 |
| 計 | 300 | 計 | 300 |

## 税務

### 1．共同新設分割

本件のような非適格分社型分割の税務上の取扱いは次のとおりです。なお、共同新設分割も単独新設分割も同じ処理となります。

#### （1）譲渡企業株主

課税関係は生じません。

#### （2）譲渡企業（分割法人）

交付を受ける分割承継法人株式の価額と移転資産負債の簿価純資産価額との差額を損益として処理することになります（法法62①）。

| 借方 | 金額 | 貸方 | 金額 |
|---|---|---|---|
| 事業諸負債 | 80 | 事業諸資産 | 300 |
| 分割承継法人株式※ | 500 | 譲渡益 | 280 |

※ 分割承継法人株式の譲渡対価を500と仮定

#### （3）分割承継法人

分割承継法人では、移転資産負債を時価で受け入れます。また、純資産は全額資本金等の額が増加することになります。

また、当該分割効力発生後には、分割承継法人株式が譲渡されますが、当該譲渡対価が、移転資産負債の時価純資産価額を上回る場合には、資産調整勘定が計上され、償却費が損金計上できます（法法62の8①④）。

| 借方 | 金額 | 貸方 | 金額 |
|---|---|---|---|
| 事業諸資産 | 400 | 事業諸負債 | 80 |
| 資産調整勘定 | 180 | 資本金等の額 | 500 |

### 2．無対価合併

本件吸収合併は、適格合併となるため、譲渡企業株主、譲渡企業（A社およびB社）ともに課税関係は生じません（法法62の2①）。

なお、当該合併の税務処理は次のとおりです（法令8①五、9①二、123の3①）。

## 3-2 共同新設分割+株式譲渡（+無対価合併）

（合併法人（A社））

| 借方 | 金額 | 貸方 | 金額 |
|---|---|---|---|
| 諸資産 | 200 | 諸負債 | 80 |
| B社株式 | 1 | 資本金等の額 | 10 |
|  |  | 利益積立金額 | 111 |
| 計 | 201 | 計 | 201 |

（被合併法人（B社））

| 借方 | 金額 | 貸方 | 金額 |
|---|---|---|---|
| 諸資産 | 100 | 諸負債 | 150 |
|  |  | 資本金等の額 | 10 |
|  |  | 利益積立金額 | △60 |
| 計 | 100 | 計 | 100 |

（合併法人（A社）の仕訳イメージ）

| 借方 | 金額 | 貸方 | 金額 |
|---|---|---|---|
| 諸資産[※1] | 100 | 諸負債[※1] | 150 |
|  |  | 資本金等の額[※2※3] | 9 |
|  |  | 利益積立金額[※2] | △60 |

[※1] 合併法人（A社）が被合併法人（B社）の最後事業年度終了時の資産負債の額を帳簿価額で引き継ぎます（法法62の2①、法令123の3①）。

[※2] 資本金等の額および利益積立金額も被合併法人（B社）の最後事業年度終了時の帳簿価額を引き継ぎます（法令8①五、法令9①二）。

[※3] 合併法人（A社）が保有する被合併法人（B社）の株式は、増加する資本金等の額から控除します（法令8①五）。

（合併後）

| 借方 | 金額 | 貸方 | 金額 |
|---|---|---|---|
| 諸資産 | 300 | 諸負債 | 230 |
|  |  | 資本金等の額 | 19 |
|  |  | 利益積立金額 | 51 |
| 計 | 300 | 計 | 300 |

## 3-3 税制適格要件を満たす分割型分割
### 平成29年度税制改正で可能になった非事業用資産の簿価切り出し

**point**
- 非事業用資産が存在する場合、当該資産の譲渡企業からの切出し手法として分割型分割が有効となる場合がある
- 分割型分割により非事業用資産を切り出した場合、譲受企業にとっては投資額を圧縮することが可能となる

### 事例概要

|  | 譲渡企業 | 譲受企業 |
| --- | --- | --- |
| 業種 | 配電盤・電力制御装置製造業 | 電気計測器製造業 |
| 所在地 | 東北 | 北陸 |
| 譲渡理由 | 後継者不在および人材採用難 | ― |
| スキーム | 分割型新設分割＋株式譲渡 ||

### スケジュール

|  | 譲渡企業 | 譲受企業 |
| --- | --- | --- |
| X年3月上旬 | 提携仲介契約締結 | ― |
| X年12月下旬 | ― | 締結仲介契約締結 |
| (X+1)年3月下旬 | 基本合意契約締結 ||
| (X+1)年4月上旬 | デューデリジェンス ||
| (X+1)年4月中旬 | 株式譲渡契約締結 ||
|  | 新設分割計画書の作成 |  |
| (X+1)年7月上旬 | 新設分割効力発生日 | ― |
|  | 株式譲渡実行（譲渡日） ||

3-3 税制適格要件を満たす分割型分割

### 実行イメージ

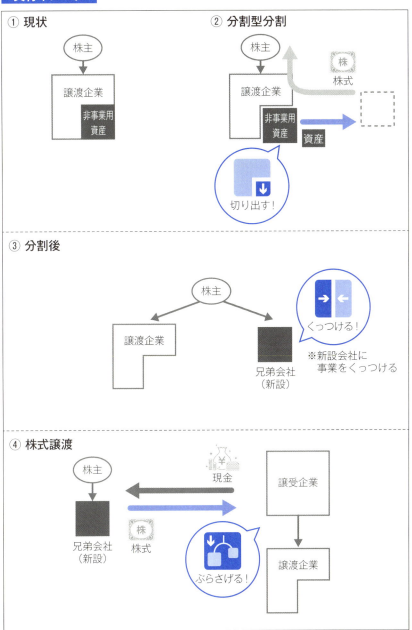

## STEP 1　意向の確認

### 譲渡企業側

　譲渡企業は、東北エリアで半導体関連の大型制御ユニットの電気設計・ファブレス製造を行う会社でした。同社は、事業範囲がニッチな分野であったこと、またファブレス製造により固定費を最小限に抑えていたことから安定して高収益を実現していました。

　一方でオーナー社長は、60歳を超えていて後継者が不在でした。加えて人材採用の厳しさに悩んでいたことから、これら２点を解決してくれる譲受企業を探していました。

　また譲渡企業は、保険積立金や余剰資金等の非事業用資産を多額に保有しており、これらの取扱いをどのようにするかが大きなポイントでした。

### 譲受企業側

　譲受企業は、譲渡企業とは異なるエリアで電気計測器の製造を行う会社でした。同社は電気計測器の製造で安定した業績を実現していましたが、今後の発展のために新規事業を立ち上げることを模索していました。そのような中、同社にとって強化領域のひとつであった半導体関連の事業のノウハウを得られること、新たなエリアに進出できることに魅力を感じ、譲受けを決断しました。

　一方で譲受企業は、本件において必要となる買収資金を銀行借入により調達する予定であり、融資額との兼ね合いからできるだけ投資額を抑えたいという希望がありました。

## STEP 2　スキーム検討・決定

### 非事業用資産の取扱い

　譲渡企業は業績が良く、総資産の約70％を余剰資金が占めていました。またその他にも保険積立金等の非事業用資産も保有しており、これらをM＆Aにおいてどのように切り出すかが大きなポイントとなりました。

　非事業用資産の切出し方法としては、一般的に売買、退職金として現物支給、会社分割等の方法が考えられます。本件では非事業用資産の金額が非常に大きいことから、会社分割でこれらを切り出した後、譲渡企業株式を譲渡する方法がオーナー社長の手取り額を大きくできる一番望ましいスキームであると考えました。

　なお、本件では、非事業用資産の受皿会社がないため分割型新設分割で会社分割を行うことにしました。

### 投資額の圧縮

　前述のとおり、可能な限り投資額を抑えたいという譲受企業の希望があったため、非事業用資産を切り出し事業用資産のみを残した譲渡企業を株式譲渡するというスキームは譲受企業にとっても望ましいスキームでした。

　また本件では譲受企業の希望を最大限反映するため、事業用資産である譲渡企業所有の本社底地も会社分割で切り出し、M＆A時に譲渡企業と分割承継法人との間で土地の賃貸借契約を締結することで、さらに投資額を抑えるスキームを選択しました。

### 適格分割となるか否か

　本件では、譲渡企業の50％の株式をオーナー社長が保有し、残りの50％をオーナー社長の配偶者をはじめとした親族が保有しているという株主構成でした。この点、組織再編税制における支配関係の判定は親族保有株を含めて行われるため完全支配関係がある場合の適格要件について検討する必要がありました。結論として、本件では次の１．２．のいずれの要件も満たしたことから適格分割として会社分割を行いました。

## 1．金銭等不交付要件

本件では分割対価を分割承継法人株式のみとしているため当該要件を満たしました。なお、本件では株主が複数存在しますが、その場合、分割承継法人株式は分割法人の持ち株割合に応じて各株主へ交付する必要があります。仮に持ち株割合に応じず、特定の株主のみに分割承継法人株式を交付した場合、金銭等不交付要件を満たさなくなるため留意が必要です。

## 2．完全支配関係継続要件

本件ではオーナー親族が株式の100％を保有する譲渡企業を会社分割し、分割後も分割承継法人株式すべてを継続保有見込みであったため完全支配関係継続要件を満たしました。

### 不動産の移動にかかる登録免許税、不動産取得税の負担

前述のとおり本社底地も会社分割の対象であったことから、当該不動産の移動に伴う登録免許税、不動産取得税がどの程度生じるかも論点となりました。【2－6】で見たとおり、不動産取得税には、一定の会社分割の場合に非課税となる特例があります。そのため、当該特例を満たすスキームとなるかどうかが1つのポイントとなりました。

本件では、事業資産である土地を移動させ、譲渡企業に対して賃貸することを前提としていましたが、そもそも譲渡企業で土地の賃貸事業を行っていたわけではないため、不動産取得税の非課税要件の1つである事業継続要件を満たすことはできませんでした。そのため分割承継法人では登録免許税のほか不動産取得税も発生しました。

3-3 税制適格要件を満たす分割型分割

## STEP 3　スキームの実行

### スケジュール

| | 譲渡企業 | 譲受企業 |
|---|---|---|
| | 取締役会決議 | 取締役会決議 |
| | 株式譲渡契約締結※ | |
| （X+1）年4月中旬 | 新設分割計画書の作成 | ー |
| | 労働者の理解と協力を<br>得るための協議 | ー |
| （X+1）年5月下旬 | 債権者保護手続 | ー |
| | 事前開示書面の備置 | ー |
| （X+1）年6月上旬 | 株主総会招集通知発送<br>（株主への通知） | ー |
| （X+1）年6月中旬 | 株主総会特別決議 | ー |
| （X+1）年7月上旬 | 新設分割効力発生日 | ー |
| | 事後開示書面の備置 | ー |
| | 株式譲渡実行（譲渡日） | |

※ 譲渡企業株主と譲受企業で締結

### 手続

#### 1．株式譲渡契約書

　新設分割の手続に先立ち譲渡企業株主と譲受企業との間で株式譲渡契約を締結しました。当該契約では譲渡日までの売主の義務として、新設分割手続の履行を定めており、これにより株式譲渡を行う時点で譲渡企業が事業資産のみを保有している状態であることが前提となるようにしました。

　また、本件では本社底地を分割承継法人に移動させ、その後、譲渡企業と分割承継法人との間で土地の賃貸借契約を締結することを前提にしていたため、株式譲渡契約書の付帯合意として当該事項を明記しました。

　その他、株式譲渡契約書には、オーナー社長への役員退職金支給義務、譲渡企業にかかる表明保証条項、損害賠償条項なども定められていました。

#### 2．新設分割計画書

　新設分割計画書は、譲渡企業において作成します。譲受企業にとっても重要であるため、その内容は株式譲渡契約書に別紙として添付しました。

また、本件では、新設分割計画書には分割法人から分割承継法人に承継させる資産、契約書などの内容を記載していますが、会社分割後に承継対象の範囲でトラブルが生じないようにするため、できるだけ具体的に記載しました。

### 3．債権者保護手続

本件は分割型分割であり分割法人の財産が流出する形となるため、債権者保護手続を実施しています（会810①二）。本件では、分割法人が官報公告に加えて、債権者に対する個別催告を行っています（会810②）。

### 4．株主総会基準日設定公告

株主総会で議決権行使をする株主を特定するために株主総会に先立って、株主総会基準日の設定公告をすることがありますが、本件では、株主の異動がないことが確実であったことから、設定公告を省略しています。

### 5．株主総会招集手続

株主総会開催のためには、非公開会社※の場合、株主総会の1週間前までに、招集通知を発する必要があります（会298①④、299①）。本件においても、当該規定に従って、株主に対する通知と合わせて1週間前に招集通知を発送しています。

> ※　公開会社以外の株式会社のことであり、発行する株式にすべて譲渡制限がついている株式会社のことを指します。

### 6．株主に対する通知公告

組織再編では、当該議案に反対する株主は株式買取請求ができます（会785①、797①、806①）。当該反対株主の権利行使のため、株主総会決議の日から2週間以内に、株主に対して通知または公告が必要とされています（会806③④）。本件では、前述のとおり株主総会招集通知と兼ねて株主への通知を行っています。なお、株主総会決議の日から2週間以内という制限が定められていますが、本件のように株主総会よりも前に株主に対して通知を行うことは問題ありません。

### 7．労働者保護手続

会社分割においては、分割対象事業に従事する従業員が強制的に分割承継

法人に承継されることから、当該従業員を保護するため、「会社分割に伴う労働契約の承継等に関する法律」（労働契約承継法）の定めに従うことが求められます。本件の場合、分割対象事業に従事する従業員や承継される従業員がいなかったため、労働者の理解と協力を得るための協議のみを、株式譲渡によるM＆Aの説明とともに実施しました。

### 会計

本件のような分割型分割の会計上の取扱いは次のとおりです。

#### 1．譲渡企業株主

譲渡企業株主が分割前に保有していた譲渡企業株式を分割承継法人株式に振り替える処理となるため損益は計上されません（分離基32（2）、49、結合指273（1）、294、295）。

具体的には、会社分割直前の譲渡企業（分割法人）株式の適正な帳簿価額のうち、合理的な按分計算によって引き換えられたものとみなされる部分の価額をもって、譲渡企業（分割法人）株式から分割承継法人株式へ振り替えることとなります。

| 借方 | 金額 | 貸方 | 金額 |
|---|---|---|---|
| 分割承継法人株式※ | 100 | 譲渡企業（分割法人）株式※ | 100 |

※ 合理的な按分計算の方法は【1−2−3】のとおりですが、ここでは関連する帳簿価額の比率で按分する方法により、譲渡企業（分割法人）株式を按分計算しています。

$$500^{(*1)} \times \frac{700^{(*2)}}{3,500^{(*3)}} = 100$$

\*1　分割法人株主が保有する当該株式の当初取得価額
\*2　分割事業に係る株主資本相当額の適正な帳簿価額
\*3　会社分割直前の分割法人の株主資本の適正な帳簿価額

#### 2．譲渡企業（分割法人）

分割型新設分割は、会社法上、分社型新設分割＋現物配当と整理されており、会計処理もこれに従って行うことになります（分離基17（1）、63、結合指226、233（1）、263）。

| 借方 | 金額 | 貸方 | 金額 |
|---|---|---|---|
| 事業諸負債 | 300 | 事業諸資産 | 1,000 |
| 分割承継法人株式 | 700 | | |
| その他利益剰余金※ | 700 | 分割承継法人株式 | 700 |

※ 現物配当の際には、その他資本剰余金またはその他利益剰余金のいずれかを減額しますが、その内訳については取締役会等の会社の意思決定機関で定めることになります(結合指233(2)、263、446、自株指10)。なお、分割承継法人が受け入れた資産負債の対価として、分割承継法人株式のみを交付している場合には、現物配当の処理ではなく、譲渡企業の株主資本の内訳を適切に配分した額で処理を行うこともでき、当該処理を行った場合には、譲渡企業の株主資本の減少の内訳と分割承継法人側の株主資本の増加の内訳が一致することになります(結合指233(2)、234(2)、263、446、会計規50①)。

## 3．分割承継法人

分割承継法人は、譲渡企業から受け入れる資産および負債を分割期日の前日に付された適正な帳簿価額により計上します(結合指234(1)、264)。

| 借方 | 金額 | 貸方 | 金額 |
|---|---|---|---|
| 事業諸資産 | 1,000 | 事業諸負債 | 300 |
| | | 払込資本※ | 700 |

※ 増加すべき払込資本の内訳(資本金、資本準備金またはその他資本剰余金)は、新設分割計画書において定めた金額となります(結合指227(2)、234、264、会計規49②)。なお、分割承継法人が受け入れた資産負債の対価として、分割承継法人株式のみを交付している場合には、譲渡企業が減少させた株主資本の内訳の額と一致させる処理も容認されています(結合指234(2)、264、409(3)、会計規50①)。

### 税務

本件のような適格分割型分割の税務上の取扱いは次のとおりです。

#### 1．譲渡企業株主（分割法人株主）

　課税関係は生じません。ただし、分割法人株式の簿価のうち、当該価値の減少分の金額を減額し、分割承継法人株式の取得原価に振り替える処理が必要となり、分割法人株式を譲受企業に譲渡する場合には、当該減少後の取得原価（株式譲渡価額×5％との有利選択は可能）を基に株式譲渡所得を計算する点に留意が必要です。

| 借方 | 金額 | 貸方 | 金額 |
|---|---|---|---|
| 分割承継法人株式 | 100 | 分割法人株式※ | 100 |

※　分割法人株式の簿価修正額

$$100 = 500^{*1} \times \frac{700^{*2}}{3,500^{*3}}$$

　＊1　分割法人株式の簿価
　＊2　分割事業の簿価純資産
　＊3　分割法人の前期末の簿価純資産

## 2．譲渡企業（分割法人）

　課税関係は生じません。移転純資産に対応する譲渡企業（分割法人）の資本金等の額および利益積立金額を以下のとおり減少させます（法法62の2②③、法令8①十五、9①十、123の3②）。

| 借方 | 金額 | 貸方 | 金額 |
|---|---|---|---|
| 事業諸負債 | 300 | 事業諸資産 | 1,000 |
| 分割承継法人株式 | 100 | | |
| 利益積立金額[※2] | 600 | | |
| 資本金等の額[※1] | 100 | 分割承継法人株式 | 100 |

[※1] 減少する資本金等の額

$$100 = 500^{*1} \times \frac{700^{*2}}{3,500^{*3}}$$

＊1　分割法人の分割直前の資本金等の額
＊2　分割事業の簿価純資産
＊3　分割法人の前期末の簿価純資産

[※2] 減少する利益積立金額

$$600 = 700^{*1} - 100^{*2}$$

＊1　分割事業の簿価純資産
＊2　減少する資本金等の額

## 3．分割承継法人

　課税関係は生じません。譲渡企業（分割法人）から受け入れる資産および負債を帳簿価額で計上し、資本金等の額および利益積立金額を引き継ぎます（法令8①六、9①三、123の3③）。

| 借方 | 金額 | 貸方 | 金額 |
|---|---|---|---|
| 事業諸資産 | 1,000 | 事業諸負債 | 300 |
| | | 資本金等の額 | 100 |
| | | 利益積立金額 | 600 |

## 3-4 分割型新設分割
### 法人のノンコア事業切り出しならではの非適格組織再編活用事例

> **point**
> ・締結している契約が多い場合、事業譲渡は選択することが難しい
> ・株主が法人の場合、ノンコア事業の切り出しに分割型分割を用いることが望ましい場合がある

### 事例概要

|  | 譲渡企業 | 譲受企業 |
| --- | --- | --- |
| 業種 | 資材卸 | 資材卸 |
| 所在地 | 東海 | 関東 |
| 譲渡理由 | ノンコア事業切離し | ― |
| スキーム | 分割型新設分割＋株式譲渡 ||

### スケジュール

|  | 譲渡企業 | 譲受企業 |
| --- | --- | --- |
| X年2月上旬 | 提携仲介契約締結 | ― |
| (X+1)年4月下旬 | ― | 締結仲介契約締結 |
| (X+1)年7月上旬 | 基本合意契約締結 ||
| (X+1)年7月中旬 | デューデリジェンス ||
| (X+1)年9月下旬 | 基本契約締結 ||
| | 株式譲渡契約締結 ||
| ～ | 会社分割諸手続 ||
| (X+1)年11月上旬 | 新設分割効力発生日 ||
| | 株式譲渡実行（譲渡日） ||

## 3-4 分割型新設分割

**実行イメージ**

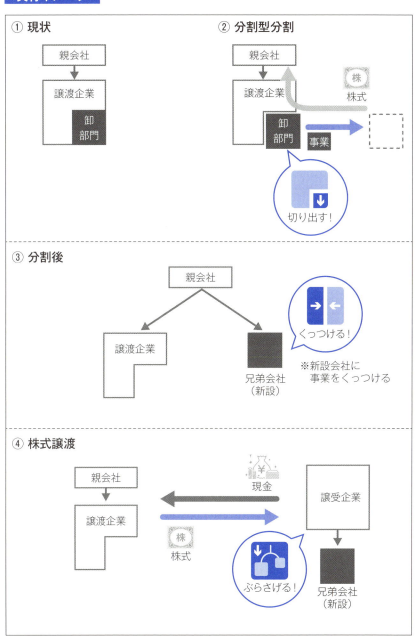

## STEP 1　意向の確認

### 譲渡企業側

　譲渡企業の親会社は建設業を営んでおり、譲渡企業は建設資材卸売業と通信工事業を行っていました。このうち、譲渡対象事業の建設資材卸売業は従来よりグループ内取引がほとんどであり、サービス内容や価格について専業の同業他社と比較すると満足する水準とはいえない状態でした。

　建設業界の経営環境が非常に厳しい状況にある中、譲渡対象事業は、親会社グループにおいてノンコア事業であることが明白であったことから、譲受企業からの提案を受ける形で譲渡を決断しました。

### 譲受企業側

　譲受企業は、建設資材卸の大手として日本全国に拠点を有する会社でしたが、建設業を取り巻く環境が厳しくなるといった外部要因の悪化を受け、危機感を抱いていました。そこで譲渡企業の一部の事業を傘下に入れることにより、譲渡企業の親会社との安定的な取引を獲得するとともに、事業規模を拡大していこうと考え、譲受けにいたりました。

## STEP 2　スキーム検討・決定

### 事業譲渡か会社分割か？

　事業の一部を切り出す手法としては、会社分割と事業譲渡があります。本件においては、譲渡対象となる事業に、販売先や仕入先との間で締結している契約が多数あったことから、早い段階で、契約関係を包括承継できる会社分割により事業を切り出すことを決定しました。

　契約書によっては、会社分割であっても、一定の通知や承諾が必要であったり、禁止事項になっていたり、結局、事業譲渡の場合と手間が変わらないということもありますが、本件の場合、会社分割により包括承継できる契約がほとんどであったことから会社分割を選択しました。

### 分社型分割か分割型分割か？

　会社分割の手法として分社型分割、分割型分割どちらの手法を用いるのかといった点も論点となりました。

#### 1．課税関係の検討

　本件のように事業の切り出し後に分割承継法人株式を第三者に譲渡することを予定している場合は、非適格分割となります。非適格分割の場合、分割法人は移転資産負債を時価にて移転したものとして課税関係が生じることになります。これは分社型分割、分割型分割いずれを行った場合であっても同様です。

　しかし、非適格分割型分割を行った場合、分割法人株主についても課税関係が生じることになります。他方で、非適格分社型分割の場合は分割法人株主は分割に伴う対価を受け取らないため課税関係は生じません。

　また、非適格分割型分割の場合の分割法人株主の課税関係は、【２－５】のとおりみなし配当課税が生じることになります。本件の場合、分割法人株主は、分割法人の100％親会社であったことから、当該みなし配当は全額益金不算入となり、分割型分割を選択したとしても課税の問題は生じないと判断されました。

## ２．会計面の検討

　本件の場合、分割法人の親会社の意向として、会社分割にかかる譲渡益を親会社の決算に反映させ、分配可能額を増やしたいという意向がありました。分社型分割では、分割法人の親会社に売却益が生じることはないことから、これを重視するのであれば分割型分割になります。

　以上により、本件は分割型分割で実行することが決定されました。

## STEP 3　スキームの実行

### スケジュール

| | 譲渡企業 | 譲受企業 |
|---|---|---|
| (X+1)年9月下旬 | 取締役会決議 | 取締役会決議 |
| | 基本契約締結※1 | |
| | 株式譲渡契約締結※2 | |
| | 新設分割計画書の作成 | ― |
| | 債権者保護手続 | ― |
| | 事前開示書面の備置 | ― |
| | 労働者の理解と協力を得るための協議 | ― |
| | 労働契約の承継に関する協議 | ― |
| | 労働契約承継法に基づく従業員通知等 | ― |
| (X+1)年10月下旬 | 簡易会社分割のため株主総会決議を省略 | |
| (X+1)年11月上旬 | 新設分割効力発生日 | ― |
| | 事後開示書面の備置 | ― |
| | 業務提携契約締結 | |
| | 株式譲渡実行（譲渡日） | |

※1　譲渡企業株主（100％親会社）、譲渡企業、譲受企業の三者間で締結
※2　譲渡企業株主（100％親会社）、譲受企業で締結

### 手続

#### 1．基本契約書

　本件においては、譲渡企業株主（100％親会社）、譲渡企業、譲受企業の三者間で、基本契約書を締結しています。基本契約書には、本件の基本スキーム（分割型分割の実行および株式譲渡契約の締結実行）のほか、譲渡対象事業にかかる表明保証、損害賠償条項などが定められています。

　また本件では、譲受企業が譲渡企業の親会社との取引拡大もM&Aの目的の1つであったことから、譲受企業が譲渡企業の親会社に対して、商材を独占的に供給することを軸にした業務提携契約の締結が定められました。

## 2．新設分割計画書

新設分割計画書は、基本契約に株式譲渡契約書とともに別紙として添付しました。

本件では、譲渡企業側の管理が部門別に徹底されていたことから、他の分割案件に比べて、承継資産、負債、契約上の地位、雇用契約等の記載が容易でした。

## 3．簡易会社分割

本件では、分割法人の総資産額に対する分割承継法人に承継させる資産の帳簿価額の合計額の割合が5分の1を超えなかったため、簡易会社分割となり分割法人の株主総会決議をせずに会社分割を実行しました（会805）。なお、譲渡企業株主は1名のみであったため、臨時株主総会を開催することも特段問題とはなりませんでしたが、取締役会決議で実行することにしました。

## 4．適時開示・臨時報告書

本件は、譲渡企業の親会社が上場会社であったことから、適時開示および臨時報告書の提出が必要となるかどうかの検討が必要でしたが、いずれも軽微基準に該当したため、適時開示および臨時報告書の提出は行っていません。

## 5．債権者保護手続

本件は分割型分割であり分割法人の財産が流出する形となるため、債権者保護手続を実施しています（会810①二）。なお、本件では、分割法人が官報公告に加えて電子公告を行うことで、債権者に対する個別催告を省略しています（会810③）。

## 6．株主に対する通知公告

組織再編では、当該議案に反対する株主は株式買取請求ができます（会785①、797①、806①）。当該反対株主の権利行使のため、株主総会決議の日から2週間以内に、株主に対して通知または公告が必要とされています（会806③④）。

ただし、簡易会社分割の場合には、分割法人における株式買取請求権および通知義務がないため、本件では通知公告を行っていません。

## 7．労働者保護手続

会社分割においては、分割対象事業に従事する従業員が強制的に分割承継

法人に承継されるため、当該従業員を保護するため、「会社分割に伴う労働契約の承継等に関する法律」（労働契約承継法）の定めに従うことが求められます。具体的には、新設分割計画書作成の日から 2 週間以内に分割対象事業に従事している者に対して書面による通知や当該通知までに個別に従業員と協議することなどが求められます。

　本件においては、労働契約承継法に定めのある手続はもちろんのこと、分割対象事業に従事する従業員の不安や混乱を回避するために十分に時間をかけて、従業員説明資料を準備しました。

　また、本件成立後も譲渡企業の親会社と譲受企業が業務提携契約を締結し、協力体制を築いていくことを強調したことで、従業員に安心感を与えることができました。

### 会計

本件のような分割型分割の会計上の取扱いは次のとおりです。

#### 1．譲渡企業株主

譲渡企業株主が分割前に保有していた譲渡企業株式を分割承継法人株式に振り替える処理となるため損益は計上されません（分離基32(2)、49、結合指273(1)、294、295）。

具体的には、会社分割直前の譲渡企業（分割法人）株式の適正な帳簿価額のうち、合理的な按分計算によって引き換えられたものとみなされる部分の価額をもって、譲渡企業（分割法人）株式から分割承継法人株式へ振り替えることとなります。

| 借方 | 金額 | 貸方 | 金額 |
|---|---|---|---|
| 分割承継法人株式※ | 100 | 譲渡企業（分割法人）株式※ | 100 |

※ 合理的な按分計算の方法は【1－2－3】のとおりですが、このうち関連する帳簿価額の比率で按分する方法により、譲渡企業（分割法人）株式を按分計算しています。

$$500^{*1} \times \frac{700^{*2}}{3{,}500^{*3}} = 100$$

\*1 分割法人株主が保有する当該株式の当初取得価額
\*2 分割事業に係る株主資本相当額の適正な帳簿価額
\*3 会社分割直前の分割法人の株主資本の適正な帳簿価額

#### 2．譲渡企業（分割法人）

分割型新設分割は、会社法上、分社型新設分割＋現物配当と整理されており、会計処理もこれに従って行うことになります（分離基17(1)、63、結合指226、233(1)、263）。

| 借方 | 金額 | 貸方 | 金額 |
|---|---|---|---|
| 事業諸負債 | 300 | 事業諸資産 | 1,000 |
| 分割承継法人株式 | 700 | | |
| その他利益剰余金※ | 700 | 分割承継法人株式 | 700 |

※ 現物配当の際には、その他資本剰余金またはその他利益剰余金のいずれかを減額するが、その内訳については取締役会等の会社の意思決定機関で定めることになります（結合指233（2）、263、446、自株指10）。なお、分割承継法人が受け入れた資産負債の対価として、分割承継法人株式のみを交付している場合には、現物配当の処理ではなく、譲渡企業の株主資本の内訳を適切に配分した額で処理を行うこともでき、当該処理を行った場合には、譲渡企業の株主資本の減少の内訳と分割承継法人側の株主資本の増加の内訳が一致することになります（結合指233（2）、234（2）、263、446、会計規50①）。

## 3．分割承継法人

　分割承継法人は、譲渡企業から受け入れる資産および負債を分割期日の前日に付された適切な帳簿価額により計上します（結合指234（1）、264）。

| 借方 | 金額 | 貸方 | 金額 |
|---|---|---|---|
| 事業諸資産 | 1,000 | 事業諸負債 | 300 |
| | | 払込資本※ | 700 |

※ 増加すべき払込資本の内訳（資本金、資本準備金またはその他資本剰余金）は、新設分割計画書において定めた金額となります（結合指227(2)、234、264、会計規49②）。なお、分割承継法人が受け入れた資産負債の対価として、分割承継法人株式のみを交付している場合には、譲渡企業が減少させた株主資本の内訳の額と一致させる処理も容認されています（結合指234(2)、264、409(3)、会計規50①）。

## 税務

本件のような非適格分割型分割の税務上の取扱いは次のとおりです。

### 1．譲渡企業株主

以下のようにみなし配当課税が生じます（法法24①ニ）。また、分割型新設分割後に分割承継法人株式を譲受企業に譲渡しますが、分割法人の資本金等の額と分割法人株式の帳簿価額に差異がある場合、譲渡損益が生じることになります。なお、本件では当該差異がないため、譲渡損益は生じません。

| 借方 | 金額 | 貸方 | 金額 |
|---|---:|---|---:|
| 分割承継法人株式[※1] | 2,000 | みなし配当[※2] | 1,900 |
|  |  | 譲渡企業（分割法人）株式[※3] | 100 |
| 仮払税金[※4] | 387 | 現金預金 | 387 |

※1 みなし配当[※2]＋分割法人株式の簿価修正額[※3]（法法61の2④、法令119①六）

※2 みなし配当の額＝①－②
　① 2,000…分割により交付を受けた金銭その他資産の額（時価）
　② $100 = \dfrac{100^{*1}}{100株^{*2}} \times 100株^{*3}$
　　＊1　分割直前の分割資本金等の額
　　　　$100 = 500^{*4} \times \dfrac{700^{*5}}{3,500^{*6}}$
　　＊2　分割直前の分割法人の発行済株式総数
　　＊3　分割法人の各株主が分割直前に有していた分割法人株式の数
　　＊4　分割法人の分割直前の資本金等の額
　　＊5　分割事業の簿価純資産
　　＊6　分割法人の前期末の簿価純資産

※3 分割法人株式の簿価修正額 $100 = 500^{*1} \times \dfrac{700^{*2}}{3,500^{*3}}$
　　＊1　分割法人株式の簿価
　　＊2　分割事業の簿価純資産
　　＊3　分割法人の前期末の簿価純資産

※4 みなし配当にかかる源泉徴収額。みなし配当（1,900）×20.42％＝387（1円未満切捨て後の金額が387とする）をみなし配当支払法人である譲渡企業（源泉徴収義務者）へ支払う必要あり。

## 2．譲渡企業（分割法人）

移転資産負債の含み損益が実現します（法法62①）。また、移転純資産に対応する譲渡企業（分割法人）の資本金等の額および利益積立金額を以下のとおり減少させます。

| 借方 | 金額 | 貸方 | 金額 |
|---|---|---|---|
| 事業諸負債 | 300 | 事業諸資産 | 1,000 |
| 分割承継法人株式 | 2,000 | 譲渡益 | 1,300 |
|  |  |  |  |
| 資本金等の額[※1] | 100 | 分割承継法人株式 | 2,000 |
| 利益積立金額[※2] | 1,900 |  |  |
| 現金預金 | 387 | 預り金[※3] | 387 |

[※1] 減少する資本金等の額

$$100 = 500^{*1} \times \frac{700^{*2}}{3,500^{*3}}$$

 ＊1　分割法人の分割直前の資本金等の額
 ＊2　分割事業の簿価純資産
 ＊3　分割法人の前期末の簿価純資産

[※2] 減少する利益積立金額

$1,900 = 2,000^{*1} - 100^{*2}$

 ＊1　分割法人株主等に交付した金銭等の額の合計額
 ＊2　減少する資本金等の額

[※3] みなし配当の額にかかる源泉徴収額を譲渡企業株主から受取り。

## 3．分割承継法人

分割承継法人では、移転資産負債を時価で受け入れます。また、純資産は全額資本金等の額が増加することとなります。

また、当該分割効力発生後には、分割承継法人株式が譲渡されますが、当該譲渡対価が、移転資産負債の時価純資産価額を上回る場合には、資産調整勘定が計上され、償却費を損金計上できます（法法62の8①④）。

| 借方 | 金額 | 貸方 | 金額 |
|---|---|---|---|
| 事業諸資産 | 1,500 | 事業諸負債 | 300 |
| 資産調整勘定 | 800 | 資本金等の額 | 2,000 |

## 3-5 現金対価の吸収分割
不明株主問題をクリアするため、事業を切り出して第三者承継

> **point**
> ・譲渡企業に株主の変遷の問題や偶発債務がある場合、株式譲渡が困難と判断される場合もある
> ・株式譲渡以外のスキームを検討する場合、事業譲渡と会社分割のいずれかを選択するかがポイントとなる

### 事例概要

|  | 譲渡企業 | 譲受企業 |
|---|---|---|
| 業種 | 旅行業 | 旅客運送業 |
| 所在地 | 関西 | 北陸 |
| 譲渡理由 | 後継者不在 | ― |
| スキーム | 現金を対価とした分社型吸収分割 ||

### スケジュール

|  | 譲渡企業 | 譲受企業 |
|---|---|---|
| X年3月上旬 | 提携仲介契約締結 | ― |
| (X+1)年8月下旬 | ― | 締結仲介契約締結 |
| (X+1)年9月下旬 | 基本合意契約締結 ||
| (X+1)年10月上旬 | デューデリジェンス ||
| (X+1)年11月下旬 | 吸収分割契約締結 ||
| ～ | 会社分割諸手続 ||
| (X+2)年1月上旬 | 吸収分割効力発生日 ||

3-5 現金対価の吸収分割

### 実行イメージ

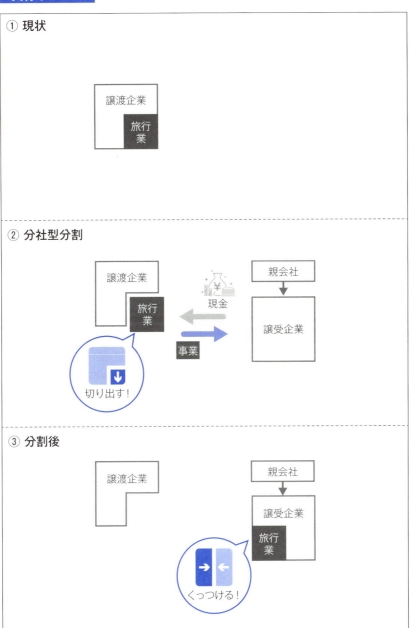

## STEP 1　意向の確認

### 譲渡企業側

　譲渡企業は、特定地域の旅行に定評のある海外旅行業者でした。社長ご自身が高齢なことに加え体調面の不安と後継者不在という課題がありました。さらに、海外旅行を中心に取り扱っていたことから為替の変動による事業環境の変化に対応しきれず、会社の存続・成長の限界を感じていました。

　過去には、現在の旅行代理業の免許だと自社で旅行を企画できないという悩みから、第一種旅行業免許を保有している他社と業務提携を実施したことがありましたが、期待していたほどの効果は出ませんでした。また、自社で第一種旅行業免許を取得するため申請を行ったものの、規模等の条件から免許取得は難しいと判断し、申請を取り下げた経緯もありました。これらの背景から、今後事業を安定させ拡大していくためには資本力のある会社と組むことが喫緊の経営課題でした。

### 譲受企業側

　譲受企業は北陸エリアのコングロマリット企業であり、自社グループ内に旅行会社を２社保有していましたが、譲渡企業が手掛けている地域の旅行の取扱いが少なく、今後は当該地域の取扱いも増やしていきたいという意向がありました。また、関西での営業を強化したいという狙いがあり、譲渡企業はそのニーズを満たしているということで、譲渡企業を自社グループに取り込むことを決めました。

　検討を進める中で、譲渡企業オーナーが過去に少数株主から買い取った株式にかかる書類が確認できず、株主の変遷が正確に追えないという問題が発覚しました。また、旅行業の免許も譲渡企業より上位の第一種旅行業免許をグループ会社で既に取得していることから、株式譲渡でM＆Aを実行するかどうかは悩ましい問題でした。

## STEP 2　スキーム検討・決定

### 譲渡企業株主の変遷リスクの遮断

　譲渡企業オーナーは当初から株式譲渡での実行を希望していましたが、一部の株式についてはどうしてもその変遷が確認できませんでした。株式の変遷が確認できない場合、現在の株主名簿上の株主が真実の株主であることに疑義が生じます。株式譲渡によるM&Aを実行しても、将来真実の株主が現れた場合、当該株式譲渡が無効になる可能性があるのです。

　このリスクを遮断するため事業譲渡もしくは会社分割を検討せざるを得なくなりました。

### 譲渡企業オーナーの手取り

　前述のとおり本件では、株式譲渡ではなく、事業譲渡もしくは会社分割（以下まとめて「カーブアウト」といいます）を検討することになりました。ここで議論としてあがったのが、株式譲渡からカーブアウトへとスキームを変更することによる譲渡企業オーナーの手取り額への影響です。

　個人が株式譲渡を実行した場合、株式譲渡益に対して約20％の分離課税のみであるのに対して、カーブアウトの場合、カーブアウトに伴う譲渡益に対する法人課税がされます。また、対価が法人に入ることから、当該資金を株主に還流させるためにはさらに課税が生じます。たとえば、会社清算により還流させる場合、清算配当課税により重い税負担が生じます[※]。

　この点、今回は会社分割を行ったとしても、譲渡益が生じず、また、役員退職金が多額に支給できることなどからM&A実行後に譲渡企業を清算した場合でも株式譲渡と手取り額が遜色ないことがわかったため、カーブアウトを選択することになりました。

※　配当所得は所得税において総合課税となり、累進税率で住民税とあわせて最高約50％（配当控除考慮後）の課税がされます。

### 事業譲渡か会社分割か？

　事業譲渡か会社分割かを選択するうえで最も重要な要素は、許認可や主要取引先との契約関係の承継であることが一般的ですが、本件においては前述のとおり株主の変遷リスクの遮断が最重要課題であったことから、これを第一にスキームを検討していきました。

　そのため、当該リスクをできるだけ回避するために、株主総会の決議ではなく取締役会での決議でM&Aを実行することを検討しました。事業譲渡において事業の全部の譲渡を行う場合、会社法上は株主総会の特別決議が必要となり、株主総会の開催が不可欠となります。他方で、会社分割だと一定の要件を満たせば、取締役会の決議のみで会社分割が実行できます。

　具体的には、簡易分割は会社分割による承継資産の帳簿価額の合計額が会社の総資産の5分の1を超えない必要があるので、この要件を満たすためにどの事業資産を承継の対象とすればよいかを検討していきました。この点、譲渡企業は事業規模がそれほど大きくなく、また季節変動に備えて現金預金を多額に保有していたことから、承継する資産を最低限必要な事業資産だけに限定することにより、簡易分割の要件を満たすことができました。

### 譲渡企業の許認可の承継

　事業の継続という点では許認可の引継ぎが最も重要ですが、譲受企業が第一種旅行業免許を取得していることから、必ずしも引き継ぐ必要はありませんでした。旅行業登録をカーブアウトで承継しようとする場合、一定の手続が生じますが、本件では当該手続を省略することができたため、円滑に進めることができました。

### 新設分割か吸収分割か

　譲渡企業の取締役会決議のみで会社分割が可能なので、あとは譲渡企業で新設分割した後に株式譲渡を実行するか、譲受企業に吸収分割するかを検討していきました。

　この点、譲受企業は株式譲渡であってもグループ内に取り込んだ後、しばらくして合併することを視野に入れていたので、譲受企業に直接取り込める

吸収分割で進めることになりました。

　また、土日祝日（1月1日など）は、新設分割では効力発生日とできませんが、吸収分割では効力発生日とできます。譲渡企業の決算が12月末であったことから、1月1日を会社分割の効力発生日とすることで、新事業年度の始まりである1月1日から新体制とできたことも吸収分割のメリットとして挙げられます。

## STEP 3　スキームの実行

### スケジュール

|  | 譲渡企業 | 譲受企業 |
|---|---|---|
| （X＋1）年11月下旬 | 取締役会決議 | 取締役会決議 |
|  | 吸収分割契約締結 ||
|  | 債権者保護手続 | 債権者保護手続<br>（株主への公告） |
|  | 事前開示書面の備置 | 事前開示書面の備置 |
| （X＋1）年12月上旬 | 労働者の理解と協力を<br>得るための協議 | ― |
|  | 労働契約の承継に<br>関する協議 | ― |
|  | 労働契約承継法に<br>基づく従業員通知 | ― |
| （X＋1）年12月下旬 | 簡易会社分割のため<br>株主総会決議を省略 | 株主総会特別決議 |
| （X＋2）年1月上旬 | 吸収分割効力発生日 ||
|  | 事後開示書面の備置 ||

### 手続

#### 1．吸収分割契約

本件では、譲渡企業と譲受企業が吸収分割契約を締結しました。当該吸収分割契約書には、会社法上の必要記載事項のほか、表明保証条項や効力発生日までの義務、本件分割後の義務等、株式譲渡によりM&Aを実行する場合に規定される各種条項を記載しています。

#### 2．債権者保護手続

本件では、譲渡対象事業にかかる債務が分割対象となっていたことから、債権者保護手続は譲渡企業において必要でした。また吸収分割であったことから、譲受企業でも必要でした（会789①二、799①二）。本件では1月1日の効力発生をターゲットに両社で会社分割の手続を進めていきました。そのため、分割公告を11月下旬に行い、かつ債権者に対して個別催告を行っています（会789②、799②）。

## 3．株主総会基準日設定公告

株主総会で議決権行使をする株主を特定するために株主総会に先立って、株主総会基準日の設定公告をすることがありますが、本件では、譲受企業株主が1名であり、株主の異動がないことが確実であることから、設定公告を省略しています。

## 4．株主総会招集手続

本件では、前述のとおり譲渡企業は株主総会を省略しており、また、譲受企業は、株主が1名であったことから、招集手続を省略しています（会300）。

## 5．株主に対する通知公告

組織再編では、当該議案に反対する株主は株式買取請求ができます（会785①、797①、806①）。当該反対株主の権利行使のため、効力発生日の20日前までに株主に対して、通知または公告が必要とされています（会785③④、797③④）。本件では、前述のとおり債権者保護手続の一環で公告を行う必要があったことから、株主への公告を兼ねて官報公告を行っています。

なお、簡易会社分割の場合には、分割法人における株式買取請求権および通知義務はありません。そのため、本件では、譲受企業のみ債権者保護手続の官報公告と兼ねて行っています。

## 6．労働者保護手続

会社分割においては、分割対象事業に従事する従業員が強制的に分割承継法人に承継されることから、当該従業員を保護するため、「会社分割に伴う労働契約の承継等に関する法律」（労働契約承継法）の定めに従うことが求められます。具体的には、吸収分割契約書の締結日から2週間以内に分割対象事業に従事している者に対して書面による通知や当該通知までに個別に従業員と協議することなどが求められます。

本件においては、事業のすべてが吸収分割の対象となることから、労働契約承継法に定めのある手続は実施しているものの、通常の株式譲渡によるM&Aの場合と同様、M&Aという事象に対する従業員の不安を解消することを目的とした説明を中心に行いました。

### 会計

本件のような現金を対価とする吸収分割の会計上の取扱いは次のとおりです。

#### 1．譲渡企業（分割法人）

移転した事業に関する投資が清算されたとみる場合にあたるため、譲渡対価である現金預金と譲渡対象資産負債の差引簿価との差額が譲渡損となります（分離基10（1）、16）。

| 借方 | 金額 | 貸方 | 金額 |
| --- | --- | --- | --- |
| 負債 | 300 | 資産 | 500 |
| 現金預金 | 150 | | |
| 譲渡損 | 50 | | |

#### 2．譲受企業（分割承継法人）

分割承継法人では、移転資産負債を時価で受け入れます（結合基28）。また、譲渡対価と受入資産負債の時価評価差額に差異がある場合には、のれんや負のれんが生じます（結合基31）。

| 借方 | 金額 | 貸方 | 金額 |
| --- | --- | --- | --- |
| 資産 | 400 | 負債 | 300 |
| のれん | 50 | 現金預金 | 150 |

## 税務

本件のような現金を対価とする吸収分割の税務上の取扱いは次のとおりです。

### 1．譲渡企業（分割法人）

移転資産負債の含み損益が実現します（法法62①）。

| 借方 | 金額 | 貸方 | 金額 |
|---|---|---|---|
| 事業諸負債 | 300 | 事業諸資産 | 500 |
| 現金預金 | 150 | | |
| 譲渡損 | 50 | | |

### 2．譲受企業（分割承継法人）

課税関係は生じません。分割承継法人では、移転資産負債を時価で受け入れます。譲渡対価が、移転資産負債の時価純資産価額を上回る場合には、資産調整勘定が計上され、償却費を損金計上できます（法法62の8①④）。

| 借方 | 金額 | 貸方 | 金額 |
|---|---|---|---|
| 事業諸資産 | 400 | 事業諸負債 | 300 |
| 資産調整勘定 | 50 | 現金預金 | 150 |

# 3-6 吸収分割（＋吸収合併）
許認可のスムーズな承継と親会社からの借入金の問題を解決

## point
- 譲渡企業に譲渡対象にできない負債がある場合、事業譲渡や会社分割を検討することになる
- 許認可の承継は、事業譲渡と会社分割で承継のし易さが変わることがある

## 事例概要

|  | 譲渡企業 | 譲受企業 |
| --- | --- | --- |
| 業種 | 冷凍倉庫業 | 飲食業 |
| 所在地 | 東北 | 東北 |
| 譲渡理由 | 後継者不在 | ― |
| スキーム | 吸収分割＋株式譲渡 | |

## スケジュール

|  | 譲渡企業 | 譲受企業 |
| --- | --- | --- |
| X年9月上旬 | 提携仲介契約締結 | ― |
| （X＋1）年8月上旬 | ― | 提携仲介契約締結 |
| （X＋1）年8月下旬 | 基本合意契約締結 | |
| （X＋1）年9月上旬 | デューデリジェンス | |
| （X＋1）年9月中旬 | 株式譲渡契約締結 | |
| （X＋1）年10月上旬 | ― | 受皿会社設立 |
| | 吸収分割契約締結 | |
| ～ | 吸収分割諸手続 | |
| （X＋1）年11月中旬 | 吸収分割効力発生日 | |
| （X＋1）年11月下旬 | 株式譲渡実行（譲渡日） | |

3-6 吸収分割（+吸収合併）

**実行イメージ**

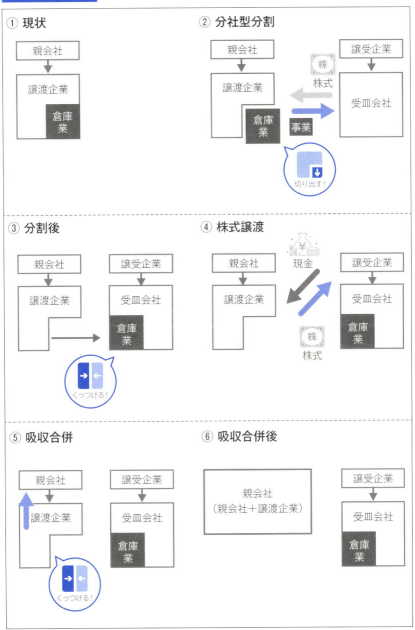

## STEP 1　意向の確認

### 譲渡企業側

　譲渡企業は、不動産業を中心に食品卸、小売など幅広い事業を営む企業の100％子会社であり、冷凍倉庫業を営んでいました。

　冷凍倉庫業は、ストック収入が見込めるものの、利益はほとんど出ていませんでした。設備が老朽化しており、設備を更新するためには数千万円の投資が必要だったため、会社の清算も視野に入れていました。しかし、10名ほど在籍していた従業員のために、対価に拘らずに事業を承継してくれる譲受企業を探していました。

　また、親会社からの借入金が1億円程度あったことから、当該借入金の処理をどのように行うかが課題でした。

　なお、冷凍倉庫業は、倉庫業、保税蔵置場の許認可が必要であり、M&Aによってこれら許認可にどのような影響があるかも懸念事項でした。

### 譲受企業側

　譲受企業は、同じエリアで飲食業を営む会社であり、譲受けによって得られる本業とのシナジーは大きくはないものの、ストック収入が見込める冷凍倉庫業に魅力を感じ、譲り受けることを決断しました。

　しかし、現状の冷凍倉庫業は利益が出ていないこと、設備更新に数千万円必要なことから、譲渡企業が親会社に負っている借入金を引き受けることはできないと考えていました。

3-6 吸収分割（+吸収合併）

## STEP 2　スキーム検討・決定

### 譲渡企業が親会社から負っている借入金の処理

　譲渡企業が親会社から負っている借入金については、譲受企業と譲渡企業の親会社との間で、譲受企業の負担とならないように処理することを合意していました。しかし、株式譲渡を行ったうえで債権放棄をしてしまうと譲渡企業に多額の債務免除益が計上されて多額の税負担が生じることが見込まれていました。そこで、スキームとしては、事業譲渡か会社分割を選択し、譲渡企業が負っている借入金を譲渡対象外とすることで、M&Aに伴う債務免除益が生じることのないようにしました。

　また、譲渡企業に残ったままになる親会社からの借入金は、M&A実施後に譲渡企業と譲渡企業の親会社が合併することにより、消滅させることとしました※。

> ※　合併により債権債務が同一人に帰属することになるため、混同により当該債権債務が消滅することになります（民520）。

### 譲渡企業が冷凍倉庫業を営むための、倉庫業・保税蔵置場許可の承継

　本件においては、譲渡企業が営む事業が許認可事業であったことから、許認可を承継できることが本件を実行するうえでの最優先事項でした。倉庫業に関しては、M&A後の届出により承継に問題がないことがわかっていたものの、保税蔵置場の許認可については、スキームにより手続が異なることが想定されたことから、事前に税関に相談に行くことで、事業譲渡、分社型新設分割、分社型吸収分割のいずれが望ましいかの確認を行いました。その結果、分社型吸収分割であれば、会社分割効力発生時に許認可の承継が可能であることがわかったため、分社型吸収分割を選択することとしました。

　本件においては、多数存在する得意先との権利義務を承継させるうえでも、法的に包括承継される会社分割の方が望ましいスキームであったといえます。

### 不動産の移動にかかる登録免許税、不動産取得税の負担

　本件では、冷凍倉庫とその底地も会社分割の対象であったことから、当該不動産の移動に伴う登録免許税、不動産取得税がどの程度生じるかも論点となりました。【2－6】で見たとおり、不動産取得税には、一定の会社分割の場合に非課税となる特例があります。そのため、当該特例を満たすスキームになるかどうかが1つのポイントとなりました。

　本件では、受皿会社を設立し、受皿会社を分割承継法人とすることを想定していました。非課税要件を満たすためには、対価を株式とする必要があり、本件では、吸収分割の対価を株式としたうえで譲渡企業に割り当てられた株式を譲渡することにしました。吸収分割の対価として、株式ではなく、現金とすることも考えられますが、受皿会社に譲受対価を貸付ける手間や不動産取得税の非課税要件を勘案して、最終的に当該対価を株式としました。

　なお、登録免許税は、不動産取得税のような非課税要件はありません。

### 受皿会社を設立するのは、譲渡企業か、譲受企業か？

　受皿会社の設立にあたり、親会社となるのは譲渡企業、譲受企業、いずれにすべきか検討しました。いったん譲渡企業が受皿会社を設立した後、吸収分割を行い、受皿会社株式を譲受企業に譲渡することも考えられますが、結論としては譲受企業で設立することにしました。

　理由としては、受皿会社が譲渡企業の第二次納税義務※を負うのを回避したかったことと、譲渡企業側で設立した後株式譲渡を行う場合、いったん受皿会社の役員を譲渡企業側の役員とした後、株式譲渡を実行後、再び役員変更を行い譲受企業の役員と入れ替える手続が必要となるため、事務処理上の負担を考慮したためです。

> ※　譲渡企業が国税を滞納し、その国税につき滞納処分を執行しても徴収額に不足する場合、事業を承継する法人が譲受財産の価額の限度において、納税義務を負うことになります。なお、当該事業の譲渡が滞納にかかる国税の法定期限より1年以上前にされている場合は義務を負いません（国徴法38）。

## STEP 3　スキームの実行

### スケジュール

|  | 譲渡企業 | 譲受企業 |
|---|---|---|
| （X＋1）年9月中旬 | 取締役会決議 | 取締役会決議 |
|  | 株式譲渡契約締結 ||
|  | 合併契約締結※1 | — |
|  | — | 受皿会社設立準備 |
| （X＋1）年10月上旬 | — | 受皿会社設立 |
|  | 事前開示書面の備置 | 事前開示書面の備置※2 |
|  | 吸収分割契約締結※3 ||
|  | 株主総会特別決議 | 株主総会特別決議※2 |
| （X＋1）年10月中旬 | 債権者保護手続※3 | 株主への公告※3 |
| （X＋1）年10月下旬 | 労働者の理解と協力を得るための協議 | — |
|  | 労働契約の承継に関する協議 | — |
|  | 労働契約承継法に基づく従業員通知 | — |
| （X＋1）年11月中旬 | 吸収分割効力発生日 ||
|  | 事後開示書面の備置※3 ||
| （X＋1）年11月下旬 | 株式譲渡実行（譲渡日） ||
|  | 合併効力発生日 | — |

※1　譲渡企業の親会社を合併法人、譲渡企業を被合併法人として合併契約を締結
※2　受皿会社で実施
※3　譲渡企業と受皿会社で実施

### 手続

#### 1．株式譲渡契約書

　吸収分割の手続に先立ち譲渡企業と譲受企業との間で株式譲渡契約を締結しました。譲渡対象は、譲受企業が設立する受皿会社の株式です。吸収分割の効力発生により、譲渡企業に吸収分割の対価として受皿会社株式が割り当てられます。当該受皿会社株式を譲受企業に譲渡することを吸収分割手続に先立ち契約することで、会社分割後に当該受皿会社が確実に譲受企業の100％子会社となるようにしています。

また、当該株式譲渡契約書上、譲渡企業と譲受企業が、譲渡企業と受皿会社をして、吸収分割契約を締結させ、譲渡企業の営む冷凍倉庫業を受皿会社に承継させる旨も規定しています。その他、株式譲渡契約書には、譲渡対象事業にかかる表明保証条項、損害賠償条項なども定められています。

## ２．合併契約書

吸収分割効力発生後、譲渡企業は、譲渡企業の親会社からの債務のみを負う会社となることから、即吸収合併することにし、吸収合併の手続を吸収分割と並行して行っています（合併にかかる詳細手続は省略します）。

そして、吸収分割効力発生後、必要な登記申請を行い、株式譲渡を実行することで、譲渡企業で行っていた冷凍倉庫業は、譲受企業の100％子会社で営まれることになりました。その後、11月下旬の合併の効力発生により、譲渡企業が被合併法人となり親会社に吸収合併されることで、すべての債権債務が親会社に承継され、問題となっていた親会社からの借入金も混同により消滅することとなりました。

## ３．債権者保護手続

本件では、譲渡対象事業にかかる債務が分割対象となっていたことから、債権者保護手続は譲渡企業において必要であり、また吸収分割であったことから、受皿会社でも必要でした（会789①二、799①二）。具体的には、吸収分割公告は、４．の株主への通知公告（会785③④、797③④）も兼ねて、譲渡企業、受皿会社連名で行う一方、受皿会社は、設立後間もない会社であり債権者が存在しなかったことから、個別催告は、譲渡企業側のみで行っています。

## ４．株主への通知公告

組織再編では、当該議案に反対する株主は株式買取請求ができます（会785①、797①、806①）。当該反対株主の権利行使のため、効力発生日の20日前までに株主に対して、通知または公告が必要とされています（会785③④、797③④）。本件では、前述のとおり債権者保護手続の一環で官報公告を行う必要があったことから、株主への公告を兼ねて官報公告を行っています。

## 5．株主総会基準日設定公告

株主総会で議決権行使をする株主を特定するために株主総会に先立って、株主総会基準日の設定公告をすることがありますが、本件では、株主の異動がないことが確実であることから、設定公告を省略しています。

## 6．株主総会招集手続

株主総会開催のためには、非公開会社※の場合、株主総会の1週間前までに、招集通知を発する必要があります（会298①④、会299①）。本件においては、譲渡企業および受皿会社の株主がそれぞれ1名だったため、招集手続を省略して臨時株主総会を開催しています（会300）

> ※ 公開会社以外の株式会社のことであり、発行する株式にすべて譲渡制限がついている株式会社のことを指します。

## 7．労働者保護手続

会社分割においては、分割対象事業に従事する従業員が強制的に分割承継法人に承継されるため、当該従業員を保護するため、「会社分割に伴う労働契約の承継等に関する法律」（労働契約承継法）の定めに従うことが求められます。具体的には、株主総会の日の2週間前の前日までに分割対象事業に従事している者に対して書面による通知や当該通知までに個別に従業員と協議することなどが求められます。

本件においては、10名程度の従業員が分割対象事業に従事していましたが、譲渡企業の状況を理解しており、他社に承継されることに抵抗がありませんでした。そのため、特に混乱もなくこの手続を進めることができました。

## 会計

本件のような吸収分割の会計上の取扱いは次のとおりです。

### 1．吸収分割
#### （1）譲渡企業（分割法人）

移転した事業に関する投資が清算されたとみる場合にあたるため、分割承継法人株式と譲渡対象資産負債の簿価との差額を移転損益として計上します（分離基10（1）、23）。なお、本件では移転資産負債は、簿価＝時価であり、含み損益は生じず、当該時価純資産額で分割承継法人株式が譲渡されることを前提としています。

| 借方 | 金額 | 貸方 | 金額 |
|---|---|---|---|
| 事業諸負債 | 80 | 事業諸資産 | 300 |
| 分割承継法人株式※ | 220 | | |

※ 分割承継法人株式の譲渡対価を220と仮定

#### （2）受皿会社（分割承継法人）

分割承継法人では、移転資産負債を時価で受け入れます（結合基23）。

| 借方 | 金額 | 貸方 | 金額 |
|---|---|---|---|
| 事業諸資産 | 300 | 事業諸負債 | 80 |
| | | 払込資本※ | 220 |

※ 本件のように対価が分割承継法人株式の場合、増加すべき払込資本の内訳（資本金、資本準備金またはその他資本剰余金）は、吸収分割契約書で定めた金額となります（結合指79、会計規37②）。

### 2．合併

本件では、前述のとおり、譲渡企業の100％親会社を合併法人、会社分割効力発生後の譲渡企業を被合併法人とした吸収合併が行われています。100％親子間の合併の会計処理については、M＆A実務で頻出するため、合わせて確認しておきます（結合指205、206）。

## 3-6　吸収分割（+吸収合併）

(合併法人（譲渡企業株主）)

| 借方 | 金額 | 貸方 | 金額 |
|---|---:|---|---:|
| 諸資産 | 1,200 | 諸負債 | 400 |
| 子会社貸付金 | 100 | 資本金 | 200 |
| 子会社株式 | 100 | 利益剰余金 | 800 |
| 計 | 1,400 | 計 | 1,400 |

(被合併法人（譲渡企業）)

| 借方 | 金額 | 貸方 | 金額 |
|---|---:|---|---:|
| 諸資産 | 500 | 諸負債 | 100 |
|  |  | 親会社借入金 | 100 |
|  |  | 資本金 | 100 |
|  |  | 利益剰余金 | 200 |
| 計 | 500 | 計 | 500 |

(合併法人の合併仕訳)

| 借方 | 金額 | 貸方 | 金額 |
|---|---:|---|---:|
| 諸資産 | 500 | 諸負債 | 100 |
|  |  | 親会社借入金 | 100 |
|  |  | 子会社株式 | 100 |
|  |  | 抱合せ株式消滅差益※ | 200 |
| 親会社借入金 | 100 | 子会社貸付金 | 100 |

※ 子会社株式の簿価と子会社（被合併法人）純資産の簿価との差額は特別損益（抱合せ株式消滅差損益）として計上されます（結合指206）。

(合併後)

| 借方 | 金額 | 貸方 | 金額 |
|---|---:|---|---:|
| 諸資産 | 1,700 | 諸負債 | 500 |
|  |  | 資本金 | 200 |
|  |  | 利益剰余金 | 1,000 |
| 計 | 1,700 | 計 | 1,700 |

## 税務

### 1．吸収分割

本件のような非適格分社型分割の税務上の取扱いは次のとおりです。

### (1) 譲渡企業(分割法人)

移転資産負債の含み損益が実現します(法法62①)。なお、本件では移転資産負債は、簿価＝時価であり、含み損益は生じず、当該時価純資産額で分割承継法人株式が譲渡されることを前提としています。

| 借方 | 金額 | 貸方 | 金額 |
|---|---|---|---|
| 事業諸負債 | 80 | 事業諸資産 | 300 |
| 分割承継法人株式※ | 220 | | |

※ 分割承継法人株式の譲渡対価を220と仮定

### (2) 受皿会社(分割承継法人)

課税関係は生じません。分割承継法人では、移転資産負債を時価で受け入れます。また、純資産は全額資本金等の額が増加することになります。

| 借方 | 金額 | 貸方 | 金額 |
|---|---|---|---|
| 事業諸資産 | 300 | 事業諸負債 | 80 |
| | | 資本金等の額 | 220 |

### 2．吸収合併

本件吸収合併は、適格合併となるため、譲渡企業株主(親会社)、譲渡企業ともに課税関係は生じません(法法62の2①)。

なお、税務処理は次のとおりです(法令8①五、9①二、123の3①)。

(合併法人(譲渡企業株主))

| 借方 | 金額 | 貸方 | 金額 |
|---|---|---|---|
| 諸資産 | 1,200 | 諸負債 | 400 |
| 子会社貸付金 | 100 | 資本金等の額 | 200 |
| 子会社株式 | 100 | 利益積立金額 | 800 |
| 計 | 1,400 | 計 | 1,400 |

## 3-6 吸収分割（+吸収合併）

（被合併法人（譲渡企業））

| 借方 | 金額 | 貸方 | 金額 |
|---|---:|---|---:|
| 諸資産 | 500 | 諸負債 | 100 |
|  |  | 親会社借入金 | 100 |
|  |  | 資本金等の額 | 100 |
|  |  | 利益積立金額 | 200 |
| 計 | 500 | 計 | 500 |

（合併法人の仕訳イメージ）

| 借方 | 金額 | 貸方 | 金額 |
|---|---:|---|---:|
| 諸資産 | 500 | 諸負債 | 100 |
|  |  | 親会社借入金 | 100 |
|  |  | 子会社株式※ | 100 |
|  |  | 利益積立金額 | 200 |
| 親会社借入金 | 100 | 子会社貸付金 | 100 |

※ 合併に伴い増加する資本金等の額は、被合併法人の資本金等の額から抱合株式（親会社が保有する子会社株式）の簿価を控除した金額となります。すなわち、この設例では資本金等の額は増加しないこととなります。

（合併後）

| 借方 | 金額 | 貸方 | 金額 |
|---|---:|---|---:|
| 諸資産 | 1,700 | 諸負債 | 500 |
|  |  | 資本金等の額 | 200 |
|  |  | 利益積立金額 | 1,000 |
| 計 | 1,700 | 計 | 1,700 |

## 3-7 株式譲渡+株式交換
株式譲渡と株式交換を組み合わせ、譲渡側と譲受側の利害を調整

### point
- 上場会社は、自社の資金負担を緩和すべく株式を対価とした株式交換を実行するケースがある
- 株式交換が適格組織再編となるかどうかにより課税関係が変わる

### 事例概要

|  | 譲渡企業 | 譲受企業 |
| --- | --- | --- |
| 業種 | 業務用機械製造 | 業務用機械製造 |
| 所在地 | 北陸 | 関東 |
| 譲渡理由 | 後継者不在 | ― |
| スキーム | 株式譲渡＋株式交換 | |

### スケジュール

|  | 譲渡企業 | 譲受企業 |
| --- | --- | --- |
| X年6月上旬 | 提携仲介契約締結 | ― |
| X年9月中旬 | 少数株主取り纏め | ― |
| （X＋1）年4月上旬 | ― | 提携仲介契約締結 |
| （X＋1）年4月中旬 | ― | 意向表明書提出 |
| （X＋1）年4月下旬 | デューデリジェンス | |
| （X＋1）年5月下旬 | 基本契約締結・適時開示 | |
| | 株式譲渡契約・株式交換契約締結 | |
| | 株式譲渡実行 | |
| 〜 | 株式交換諸手続 | |
| （X＋1）年8月下旬 | 株式交換効力発生日（譲渡日） | |

3-7 株式譲渡+株式交換

## 実行イメージ

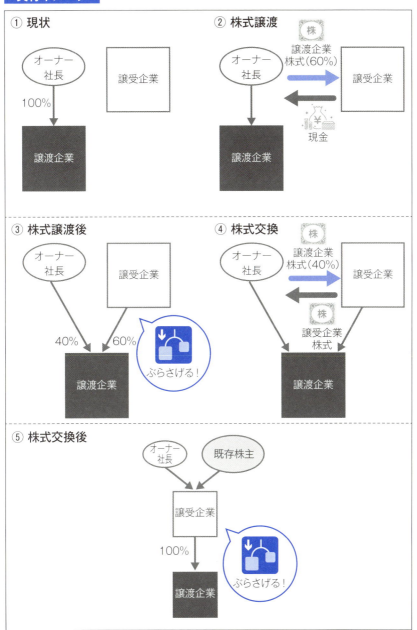

## STEP 1　意向の確認

### 譲渡企業側

　譲渡企業は、特定分野において、研究・開発から設計製造まで一貫して手掛けるエンジニアリング事業を展開しており、業績は順調に推移していました。一方で、オーナー社長は既に70歳を超えており、社外で働く長女がいるものの会社を継ぐ意思はなく、後継者不在問題を抱えていたことからM&Aを検討していました。オーナー社長に特段要望がなかったことから、スキームは、M&Aの実行のし易さとオーナー社長の手取額を重視し、株式譲渡を想定していました。

　譲渡企業には、オーナー社長以外に少数株主が数名おり、M&A前に当該株主から株式を買い集めることをオーナー社長は希望していました。そのため、これに関しての対応は別途検討する必要がありました。

### 譲受企業側

　譲受企業は、譲渡企業と同じ事業分野の事業を展開する上場会社であり、中長期的な経営戦略として、当該事業の強化を掲げていました。譲渡企業を100％子会社としてグループに取り込むことで、外注している分野の内製化が実現でき、さらなる競争力の強化に繋がると判断し、譲受けを決断しました。

　財務戦略上、譲渡対価を現金ではなく、自社株を対価とした株式交換を希望していましたが、当該スキームによると税制適格要件を満たさないことが想定されました。譲渡企業には、大きな含み損益のある資産はなかったものの、時価純資産を譲渡対価が超えることが想定されることから、営業権(自己創設のれん)に対する課税の問題が懸念されました[※]。

※ 平成29年税制改正前までは、非適格株式交換の時価評価の対象資産に固定資産が含まれていることから、のれんの時価評価が必要であるといわれており、完全子法人で多額ののれんが生じるM&Aの場合、当該株式交換の実行に伴い、多額の評価益が完全子法人に生じてしまうことが実務上懸念されていました。しかし、平成29年度税制改正により時価評価対象外資産に帳簿価額が1,000万円未満の資産が追加されたことにより当該懸念が解消しました(法令123の11①四)。

## STEP 2　スキーム検討・決定

### 譲受企業の資金負担を減らすこと

　譲受企業は、市場から購入した自己株式を保有していました。また、本件に取り組むにあたって、財務戦略上、資金負担を極力減らしたい意向がありました。そのため、自己株式を対価とした株式交換を実施することが比較的早い段階で決まっていました。

　課題としては、譲渡企業のオーナー社長が譲受企業の株式を対価として受領することに対して、どこまで許容するかという点がありました。オーナー社長は株式投資をした経験がなく、対価が株式となることに関してネガティブな印象を持っていたことから、株式譲渡と株式交換の割合をどうするかが大きな論点となりました。

### 株式交換を選択する場合、適格要件を満たすこと

　【2－1】で見たとおり、グループ外の会社同士で行う株式交換が税制適格要件を満たすためには、共同事業要件を満たす必要があります。本件では、事業規模要件と経営参画要件のいずれも満たすことができないと考えられました。そこで、まず譲渡企業の発行済株式の過半数以上をオーナー社長が譲受企業に株式譲渡することにより、その後行われる株式交換をグループ内再編とし、税制適格要件を満たせるようにしました。

　これは譲渡企業のオーナー社長にとっても、株式譲渡により対価を現金で得られるため、望ましいものでした。株式譲渡の割合をどの程度高めることができるかが1つの争点となりましたが、最終的には発行済株式の60％を株式譲渡で実行しました。

　また、譲渡企業の発行済株式の60％を株式譲渡した後、譲受企業から譲渡企業に従業員を数名派遣し、株式交換効力発生後に退任が予定されているオーナー社長よりノウハウを承継することとしました。そのため、株式譲渡から株式交換の効力発生日まで3ヵ月程度の期間をあけて実行するスケジュールを組みました。

## 3-7 株式譲渡+株式交換

**株式交換比率**

　未上場会社と上場会社が株式交換を実行する場合、未上場会社の株式価値と、これに対して割り当てられる上場会社の株価をそれぞれ決定する必要があります。

　本件においては、まず譲渡企業の株式価値をオーナー社長と譲受企業が交渉により定めたうえで、株式交換比率算定上の譲受企業の株価を定めました。

　譲受企業の株価は、証券取引所における取引により日々変動します。そのため、いつの時点の株価を用いて株式交換比率を算定するかが論点となります。

　本件では、譲受企業の株価が直近1年程度右肩上がりで推移していたことから、オーナー社長にとってできるだけ長い期間を平均したほうが有利になるということがありました。しかしながら、一般的に足元の株価が譲受企業の状況を適正に反映していると考えられることから、長期の平均株価により株式交換比率を算定することは稀であるといえます。その点も踏まえて協議した結果、最終的に譲受企業の1ヵ月の終値平均株価に基づいて株式交換比率を決定することになりました。この点については、次の数値例で説明します。

　譲渡企業の株式価値　500百万円

　譲渡企業の発行済株式数　100株

　譲渡企業の1株あたり株式価値　5百万円

　譲受企業の1株あたり株式価値

　　① 株式交換締結時の前日　株価　800円

　　② 株式交換締結時前1ヵ月終値平均株価750円

**株式交換比率**

| | |
|---|---|
| ①のケース | 1：6,250 |
| ②のケース | 1：6,667 |

　これによると株式交換締結時の前日株価に基づいた株式交換比率よりも1ヵ月平均株価に基づいた株式交換比率の方が譲渡企業株主に交付される株式数が多くなり、譲渡企業株主にとって有利となります。

　譲受企業株式を対価にした株式交換は譲受企業からすると現金を必要とし

ないため、譲渡企業株主に有利になるとしても、現金を対価にする場合に比べて多くの場合抵抗感がありません。しかしながら、上場会社である譲受企業には多数の株主が存在するので、これら既存株主の利益を害さないように配慮するという視点が必要です。

### 簡易株式交換に該当するか否か

　株式交換の場合、本件のように譲渡企業が上場会社であるケースが多く、簡易株式交換の要件を満たせるかどうかが重要なポイントとなります。簡易株式交換の要件を満たせない場合、譲受企業側で株主総会の開催が必要となり、事務負担が格段に重くなるためです。

　本件では、株式交換に際して、譲渡企業（完全子法人）株主に対して交付する財産の価額が譲受企業（完全親法人）の純資産額の5分の1を超えなかったため、譲受企業の株主総会を開催せずに株式交換を実行しています（会796②）。なお、株式交換における簡易要件は、対価が完全親法人株式のみの場合には、完全子法人株主に対して交付する株式数が完全親法人の発行済株式数の5分の1を超えなければ満たすことになります[※]。

> ※　本件のように譲受企業が自己株式を保有する場合、交付株式数が、発行済株式数より自己株式数を控除した数の5分の1を超えないことが必要です。

### 少数株主の株式取り纏め

　譲渡企業にはオーナー社長以外の少数株主が存在していたことから、これら株主が保有する株式をM＆A前に買い集めることで本件をスムーズに進めることができるとオーナー社長は考えていました。

　具体的には、取引先や元役員に過去自社の株式を渡しており、これら株主が当該M＆Aにどのような反応をするか不明でした。そのため、本件を進める前に、これら少数株主に話をして、買取りを進めることにしました。なお、買取りを進めるうえでは次の点を検討しました。

## 1．買取株価をどうするか？

　株式の売買は、時価で行う必要があります。ただし、未上場株式の場合、時価を客観的に把握することが困難であることから、実務上多くの場合、財産評価基本通達に基づき算定された株価に基づいて売買が行われます。本件においても、顧問税理士が算定した税務上の株価に基づいて買取りを行うこととしました。

　なお、譲受企業と交渉が始まりM＆A株価が見えている状況で同様の取引を行った場合、後日税務当局より、少数株主より買い集めた株価（財産評価基本通達に基づき算定された株価）とM＆A株価との差額が贈与と指摘される可能性があるため留意が必要です※。

> ※　財産評価基本通達に基づいて算定された株価よりM＆A株価の方が高いことを前提としています。なお、本件では次の２．のとおり譲渡企業が当該株式を取得しています。そのため、譲渡企業に対する贈与と指摘されることはないと考えられます、他方で、取得株価によっては、【２－５の関連論点①】のような税務リスクが生じる可能性があることには留意が必要です。

## 2．誰が買取るか？

　買取主体としてはオーナー社長と譲渡企業が考えられましたが、資金負担を考慮し、譲渡企業の余剰資金を活用して買取りを実行することとしました。なお譲渡企業が買取りを行う場合、自己株式の取得となるため、会社法上の手続やみなし配当課税の問題が生じます。また、会社法上、財源規制※もあることから取得できる金額には制限があります。

　本件の場合、譲渡金額が高額ではなかったため、みなし配当額が僅少となり少数株主に税務上不利な状況は生じませんでしたが、みなし配当額が多額に生じるようなケースでは、自己株式の取得により譲渡する側の個人株主に課税上の大きなデメリットが生じるケースもあるので留意が必要です。

> ※　分配可能額を超えて自己株式を取得することはできません（会461①三）。

## STEP 3　スキームの実行

### スケジュール

| | 譲渡企業 | 譲受企業 |
|---|---|---|
| (X+1)年5月下旬 | 取締役会決議 | 取締役会決議 |
| | 基本契約締結※1・適時開示 | |
| | 株式譲渡契約※2・株式交換契約締結 | |
| | 株式譲渡実行 | |
| | 株主への通知 | 株主への公告 |
| | 事前開示書面の備置 | 事前開示書面の備置 |
| (X+1)年6月中旬 | 株主総会特別決議 | 簡易株式交換のため株主総会決議を省略 |
| (X+1)年8月下旬 | 株式交換効力発生日（譲渡日） | |
| | 事後開示書面の備置 | |

※1　譲渡企業株主、譲渡企業、譲受企業の三者間で締結
※2　譲渡企業株主と譲受企業で締結

### 手続

#### 1. 基本契約書

本件においては、譲渡企業株主、譲渡企業、譲受企業の三者間で、基本契約書を締結しています。基本契約書には、本件の基本スキーム（株式譲渡契約の締結実行および株式交換契約の締結実行）のほか、オーナー社長（譲渡企業株主）への役員退職金の支給、譲渡企業にかかる表明保証条項、損害賠償条項などが定められています。

#### 2. 適時開示

本件は、譲受企業が上場会社であったため、株式交換を行う意思決定をした時点で適時開示が必要となります。そのため、基本契約締結の意思決定を行う取締役会決議後に遅滞なく適時開示を行っています。

株式譲渡により譲受企業の子会社が異動する場合には、軽微基準が存在するため、M&Aを行っても適時開示をしないことがあります。株式交換の場合には軽微基準がないため、必ず適時開示が必要となります。

なお、所定の提出事由に該当する場合には臨時報告書の提出も必要となり

ますが、本件では当該提出事由に該当しなかったため提出していません。

## 3．株主への通知公告

組織再編では、当該議案に反対する株主は株式買取請求ができます[1]（会785①、797①、806①）。当該反対株主の権利行使のため、効力発生日の20日前までに株主に対して、通知または公告が必要とされています（会785③④、797③④）。また、本件のように簡易株式交換の要件を満たすことで株主総会決議を省略しようとする場合、当該通知または公告の日から2週間以内に一定数[2]の反対があったときは、株主総会決議が必要となります（会796③）。

株式交換では、完全子法人となる譲渡企業が非公開会社[3]である場合には、臨時株主総会の招集通知と兼ねて通知を行い、完全親法人となる譲受企業が公開会社[4]である場合には公告（多くの場合、電子公告）を行うケースが多いです。本件では、譲渡企業は招集手続を省略したため（次の5．）、株主への通知手続のみを行い、譲受企業は電子公告を行っています。

> [1] 平成26年会社法改正により簡易組織再編の場合、譲受企業の株主は適用除外とされています（会797①但書）。
> [2] 定款に決議要件を高める定めがない場合は議決権の6分の1超（会規197）
> [3] 公開会社以外の株式会社のことであり、発行する株式にすべて譲渡制限がついている株式会社のことを指します。
> [4] その発行する全部または一部の株式の内容として譲渡による当該株式の取得について株式会社の承認を要する旨の定款の定めを設けていない株式会社(会2五)。つまり譲渡制限のない株式を1株でも発行していれば会社法上は公開会社となります。

## 4．株主総会基準日設定公告

株主総会で議決権行使をする株主を特定するために、株主総会に先立って株主総会基準日の設定公告をすることがあります。本件では株主の異動がないことが確実であることから、設定公告を省略しています。

## 5．株主総会招集手続

株主総会開催のためには、非公開会社の場合、株主総会の1週間前までに招集通知を発する必要があります（会298①④会299①）。本件においては、

創業オーナーが事前に株式を買い集めたため、譲渡企業株主が1名であったことから、招集手続を省略して臨時株主総会を開催しています（会300）。

## 3-7 株式譲渡＋株式交換

### 会計

本件における譲受企業における会計上の取扱いは次のとおりです。

株式譲渡により取得した譲渡企業株式（子会社株式）は支払った現金預金の額で計上されます。また、株式交換により取得した譲渡企業株式（子会社株式）は、交付した譲受企業株式の株式交換効力発生日における時価により計上します（結合指37、38（1）、236（1））。

| 借方 | 金額 | 貸方 | 金額 |
|---|---|---|---|
| 子会社株式 | 60 | 現金預金 | 60 |
| 子会社株式 | 40 | 自己株式 | 30 |
|  |  | 払込資本※ | 10 |

※ 増加すべき払込資本の内訳は、会社法の規定に基づき決定します（結合指236（2）、会計規39）。本件のようなケースでは、子会社株式計上額の範囲内で株式交換契約に定めた金額で会計処理を行います。なお、本件のように株式交換の対価がすべて自己株式である場合は、全額その他資本剰余金とすることができますが、新株が含まれている場合には、当該新株に対応する金額を資本金または資本準備金としなければなりません（会計規39②）。

### 税務

本件のような適格株式交換の税務上の取扱いは次のとおりです。

#### 1．譲渡企業株主

課税関係は生じません（所法57の4①）。完全親法人株式の取得価額は当該株主の完全子法人株式の取得価額を引き継ぐこととなります。

なお、本件株式交換に先立って行った60％の株式譲渡に対しては株式譲渡所得課税が生じます。

#### 2．譲渡企業

課税関係は生じません。

#### 3．譲受企業

課税関係は生じません。

本件では完全子法人株主は50名未満であったことから、【1－2－4】のとおり各株主の取得価額の合計額をもって以下のような税務処理を行います。

| 借方 | 金額 | 貸方 | 金額 |
|---|---|---|---|
| 子会社株式 | 10 | 資本金等の額 | 10 |

## 3-8 非適格株式交換
### 適格組織再編とすることよりも自己株式の積極活用を重視

> **point**
> ・自己株式を対価とすることを重視し、非適格組織再編で実行することもあるが、その場合、譲渡企業の一定の資産の評価損益の課税に留意する
> ・譲渡企業株主は、株式交換効力発生後、直ちに株式を売却できる

### 事例概要

|  | 譲渡企業 | 譲受企業 |
| --- | --- | --- |
| 業種 | 設備工事業 | 持株会社 |
| 所在地 | 東北 | 中部 |
| 譲渡理由 | 後継者不在 | ― |
| スキーム | 株式交換 ||

### スケジュール

|  | 譲渡企業 | 譲受企業 |
| --- | --- | --- |
| X年4月上旬 | 提携仲介契約締結 | ― |
| (X+2)年3月上旬 | ― | 提携仲介契約締結 |
| (X+2)年6月中旬 | ― | 意向表明書提出 |
| (X+2)年7月中旬 | デューデリジェンス ||
| (X+2)年8月下旬 | 取締役会決議 | 取締役会決議 |
| | 株式交換契約締結 ||
| | ― | 適時開示 |
| 〜 | 株式交換諸手続 ||
| (X+2)年9月下旬 | 株式交換効力発生日（譲渡日） ||

3-8 非適格株式交換

**実行イメージ**

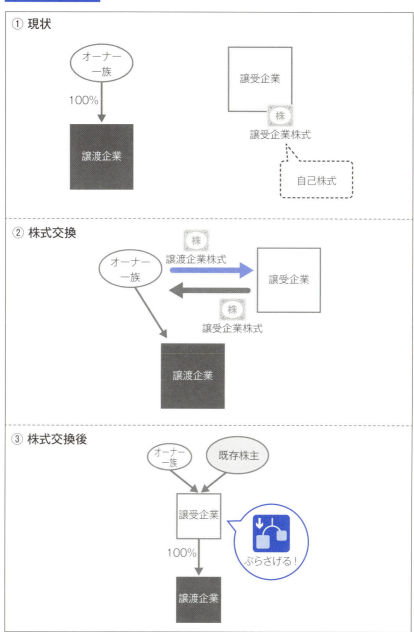

## STEP 1　意向の確認

### 譲渡企業側

譲渡企業は設備工事業を営む老舗会社で、後継者不在であることからM&Aによる事業承継を希望していました。候補先企業として、県内同業を避けたい意向があったため、県外を中心にお相手を探していました。

譲渡企業は、長年同族経営を続けてきたことから、譲渡企業社長一族やその資産管理会社との取引関係、不動産所有関係が入り組んでいました。これらを整理し、事業と財産を分けて承継していくことが譲渡企業社長の希望でもありました。

### 譲受企業側

譲受企業は多数の子会社を保有する上場会社であり、本業の成長が懸念される中、周辺事業への進出をM&Aも活用しながら積極的に行っていました。

また、自社には潜在的な成長余力があることを市場にアピールすべく自社株買いを積極的に行っており、M&Aも当該自己株式を活用して行うことを強く要望していました。

3-8 非適格株式交換

## STEP 2　スキーム検討・決定

### 適格組織再編となるか否か

本件では、譲受企業に「保有する自己株式を株式交換の対価としてできるだけ活用したい」という強い意向があったことから、譲渡企業株式を全て株式交換により取得することを前提に商談がスタートしました。

そのため、株式交換効力発生前に譲渡企業と譲受企業は資本関係がないことから、共同事業要件【2−1】を満たすか否かにより、税制適格となるかどうかを判断しました（法法2十二の十七ハ、法令4の3⑳）。

#### 1．金銭等不交付要件

譲渡企業株主に株式交換完全親法人株式以外の資産が交付されないことから要件を満たすと判断されました。

#### 2．従業者継続従事要件

譲渡企業の従業員は全員継続雇用とする方針であったことから、要件を満たすと判断されました。

#### 3．事業継続要件

譲渡企業の事業は、当該M&A後も引き続き継続することが見込まれたことから、要件を満たすと判断されました。

#### 4．事業関連性要件

譲受企業は持株会社でしたが、「子法人事業と親法人事業とが当該株式交換後に当該子法人事業に係る商品、資産若しくは役務又は経営資源と当該親法人事業に係るこれらのものとを活用して営まれることが見込まれている場合における当該子法人事業と親法人事業との間の関係※」を満たすと考えられたことから、要件を満たすと判断されました。

※　国税庁HP　大阪国税局　文書回答事例「持株会社を株式交換完全親法人とする株式交換における事業関連性の判定について」

#### 5．事業規模または経営参画要件

譲渡企業と譲受企業の規模を比較すると売上金額・従業者の数等で5倍を超えていました。また、譲渡企業の役員は、M&A後に社長をはじめ親族役

員が退任することが見込まれていました。以上のことから、本件においては、事業規模要件、経営参画要件のいずれの要件も満たさないと判断されました※。

> ※ 平成28年度税制改正前は株式交換完全子法人の特定役員が1名も退任しないことが必要でしたが、平成28年度税制改正により、特定役員のうち1名でも留任すればよいことになっています。

### 6．株式継続保有要件

譲渡企業の社長は、株式交換で取得することになる譲受企業株式を株式交換効力発生後に市場で売却することを予定していたことから株式継続保有要件も満たさないと判断されました。

### 7．組織再編後完全支配関係継続要件

譲渡企業は、当該M&A後も譲受企業の完全子法人として継続することが見込まれたことから、要件を満たすと判断されました。

以上により、本件株式交換は、非適格組織再編となると判断されました。

## 資産の時価評価

前述のとおり、本件株式交換は、非適格組織再編となると判断されたことから、譲渡企業（株式交換完全子法人）は、株式交換の効力発生日の属する事業年度に一定の資産について、時価評価を行う必要が生じました。時価評価の対象とされる資産は次のとおり定められており、本件において対象となる資産は以下のような状況でした。

| 対象資産（法法62の9①、法令123の11） | 譲渡企業 |
| --- | --- |
| 固定資産（土地等を除く） | ○ |
| 土地等（土地の上に存する権利を含み、棚卸資産である土地等を含む） | ○ |
| 有価証券 | ○ |
| 金銭債権 | ○ |
| 繰延資産 | |

譲渡企業が保有する非事業用の不動産、有価証券の多くは、本件株式交換効力発生前に譲渡企業の社長が保有する資産管理会社に譲渡することが条件となっていたことから、時価評価の対象となる資産はそれほど多くなく、大

きな論点となることはありませんでした。また、非適格株式交換を実行する場合には、営業権（自己創設のれん）の時価評価の問題※がありましたが、本件においては、譲渡企業の時価純資産をベースに株式交換比率が算定されていたことから、のれんの価値はゼロと想定され、時価評価に伴う課税が譲渡企業に生じる可能性は低いと判断されました。

> ※　平成29年税制改正前までは、非適格株式交換の時価評価の対象資産に固定資産が含まれていることから、のれんの時価評価が必要であるといわれており、完全子法人の時価純資産を大きく上回る対価を交付するような株式交換の場合、当該M&Aの実行に伴い、多額の評価益が完全子法人に生じてしまうことが実務上懸念されていました。この点、平成29年度税制改正により時価評価対象外資産に帳簿価額が1,000万円未満の資産が追加されたことにより当該懸念が解消しました（法令123の11①四）。

### 株式交換比率

株式交換比率算定に際しては、譲渡企業の株式価値は時価純資産に基づいて行うことが合意されていましたが、他方で譲受企業の株式価値をどの時点の株価に基づいて決定すべきかが議論となりました。

本件では、譲渡対価のすべてが譲受企業株式となることから、株価の変動が譲渡企業株主の手取額に与える影響が大きく、当該影響が極力小さくなるようなスキームを譲渡企業株主が強く望んでいました。

そのため、本件においては、株式交換のプレスリリースを行った後、株式交換効力発生日までの一定期間の株価に基づき、譲受企業の株式価値を算定し、当該株式価値に基づいて、株式交換比率を決定することとしました。これにより、株式交換比率決定時から株式交換効力発生日までの期間が短縮され、株価変動の影響をおさえ、譲受企業株式を売却することが可能になりました。

### 簡易株式交換に該当するか否か

株式交換の場合、本件のように譲受企業が上場会社であるケースが多く、簡易株式交換の要件を満たせるかどうかが重要なポイントとなります。簡易

株式交換の要件を満たせない場合、譲受会社側で株主総会の開催が必要となり、事務負担が格段に重くなるためです。

本件では、株式交換に際して、譲渡企業（完全子法人）の株主に対して交付する財産の価額が譲受企業（完全親法人）の純資産額の５分の１を超えなかったため、譲受企業の株主総会を開催せずに株式交換を実行しています（会796②）。なお、株式交換における簡易要件は、対価が完全親法人株式のみの場合には、完全子法人株主に対して交付する株式数が完全親法人の発行済株式数の５分の１を超えなければ満たすことになります※。

※ 本件のように譲受企業が自己株式を保有する場合、交付株式数が、発行済株式数より自己株式数を控除した数の５分の１を超えないことが必要です。

### 譲渡企業グループの資産、債権債務の処理

譲渡企業は、事業に関係しない不動産、有価証券、保険契約等を多数保有する一方で、譲渡企業社長の親族やこれら親族らが株主となっている資産管理会社が保有する不動産を事業用に賃借していました。そのため、本件実行に際して、これら非事業用資産を譲渡企業社長個人や親族らが株主となっている資産管理会社に譲渡することや事業用資産を譲渡企業が購入することとしました。譲渡企業社長が取得を希望した不動産および当該社長が被保険者となっている保険契約は、当該社長への役員退職金として現物支給することとしました。

また、譲渡企業と譲渡企業社長、親族、資産管理会社との間には資金の貸し借りもあったことから、本件実行に際して精算することとしました。

このように中堅中小企業のＭ＆Ａにおいては、譲渡企業とそれを取り巻く関連当事者間で、不動産の賃借、資金の貸借等が頻繁に行われていることが多く、Ｍ＆Ａ実行に際してはこれら取引の整理に時間を要するケースもよく見られます。

### 譲受企業株式の換金

譲受企業株式を対価とした株式交換が実行されることにより、譲渡企業株

## 3-8 非適格株式交換

主は、譲受企業株式を保有することになります。

譲受企業が上場会社であれば、譲受企業と譲渡企業が当該M&Aによる成果を挙げることにより、譲受企業の株価の上昇が期待できます。そのため、譲渡企業社長がM&A後も継続する場合、M&A後も事業に対するモチベーションを維持することができるというメリットがあります。

しかしながら、本件においては、譲渡企業社長をはじめ親族株主のほとんどがM&A後に譲渡企業の経営に関わることがなかったことから、譲受企業株式が対価となることにネガティブな意見もありました。特に役員退職金の支給がない譲渡企業の親族株主は、本件実行時にキャッシュを手にできないため、直ちに譲受企業株式を売却換金したいという強い意向がありました。

そのため、譲渡企業株主が株式交換効力発生後、直ちに譲受企業株式を市場で売却することが可能か、売却しても問題が生じないかという点について検討しました。

結論としては、譲渡企業株主が保有することになる譲受企業株式の保有割合は市場株価に影響を与えるほどの割合ではなく、日々の出来高から勘案して、直ちに全株式を売却しても問題がないと考えられました。

## STEP 3　スキームの実行

### スケジュール

| | 譲渡企業 | 譲受企業 |
|---|---|---|
| (X＋2)年8月下旬 | 取締役会決議 | 取締役会決議 |
| | 株式交換契約・株式交換付帯契約締結※ | |
| | — | 適時開示・臨時報告書 |
| | 株主総会招集通知発送<br>（株主への通知） | 株主に対する公告 |
| | 事前開示書面の備置 | 事前開示書面の備置 |
| (X＋2)年9月上旬 | 株主総会特別決議 | 簡易株式交換のため<br>株主総会決議を省略 |
| (X＋2)年9月中旬 | 資産売買、資金貸借精算 | — |
| (X＋2)年9月下旬 | 株式交換効力発生日（譲渡日） | |
| | 役員退職金支給 | — |
| | 事後開示書面の備置 | |

※　譲渡企業主要株主と譲受企業で締結

### 手続

#### 1．株式交換契約書

　株式交換契約書は譲渡企業と譲受企業との会社間の契約書となります。株主総会招集通知などで社外の者に契約書内容が開示されることになるため、実務的には会社法上求められる最低限の内容程度に記載をとどめておく形になります。

#### 2．株式交換付帯契約書

　株式交換付帯契約書は譲渡企業主要株主と譲受企業との間の契約書となります。譲渡企業にかかる表明保証条項やクロージング条項、役員退職金の支給の義務、損害賠償請求条項など、通常の株式譲渡契約書に記載する詳細を定めるため、株式交換契約書とは別途締結します。なお、本件では、資産売買や資金貸借の精算を株式交換効力発生日までの義務として、当該義務を充足していることをクロージング条件としました。

　なお、この契約書は、前述1．と異なり第三者への開示は不要です。

## 3．適時開示

　本件は、譲受企業が上場会社であったため、株式交換を行う意思決定をした時点で適時開示が必要となります。そのため、株式交換契約および株式交換付帯契約締結の意思決定を行う取締役会決議後に遅滞なく、適時開示を行っています。

　株式譲渡により譲受企業の子会社が異動する場合には、軽微基準が存在するため、M&Aを行っても適時開示しないことがありますが、株式交換の場合には、軽微基準がないため必ず適時開示が必要となります。

## 4．臨時報告書

　本件株式交換では、譲渡企業の最近事業年度の売上高が譲受企業の売上高の100分の3以上であったことから、臨時報告書の提出が必要となりました。

## 5．株主への通知公告

　組織再編では、当該議案に反対する株主は株式買取請求ができます[※1]（会785①、797①、806①）。当該反対株主の権利行使のため、効力発生日の20日前までに株主に対して、通知または公告が必要とされています（会785③④、797③④）。また、本件のように簡易株式交換の要件を満たすことで株主総会決議を省略しようとする場合、当該通知または公告の日から2週間以内に一定数[※2]の反対があったときは、株主総会決議が必要となります（会796③）。一般的に完全子法人となる譲渡企業が非公開会社[※3]である場合には、臨時株主総会の招集通知と兼ねて通知を行い、完全親法人となる譲受企業が公開会社[※4]である場合には公告（多くの場合、電子公告）を行うケースが多く、本件でもそのような対応としています。

※1 平成26年会社法改正により簡易組織再編の場合、譲受企業の株主は適用除外とされています（会797①但書）。
※2 定款に決議要件を高める定めがない場合は議決権の6分の1超（会規197）
※3 公開会社以外の株式会社のことであり、発行する株式にすべて譲渡制限がついている株式会社のことを指します。
※4 その発行する全部または一部の株式の内容として譲渡による当該株式の取得について株式会社の承認を要する旨の定款の定めを設けていない株式会社(会2五)。つまり譲渡制限のない株式を1株でも発行していれば会社法上は公開会社となります。

### 6．株主総会基準日設定公告

株主総会で議決権行使をする株主を特定するために株主総会に先立って、株主総会基準日の設定公告をすることがありますが、本件では、株主の異動がないことが確実であることから、設定公告を省略しています。

### 7．株主総会招集手続

株主総会開催のためには、非公開会社の場合、株主総会の1週間前までに、招集通知を発する必要があります（会298①④、299①）。本件においても、当該規定に従って招集手続を行っています。

### 8．役員退職金の支給

効力発生日に譲渡企業社長に対する役員退職金の支給を行っています。この際、不動産の現物支給を合わせて行っていますが、現物支給は、消費税の課税対象とはなりません。そのため、M&A実行に伴い譲渡企業社長に移転する資産の中に、建物等の売買を行った場合に消費税の課税対象となる資産が存在するケースでは、役員退職金として支給することで譲渡企業社長に税務メリットが生じることになります。

## 3-8 非適格株式交換

### 会計

本件のような株式交換における譲受企業の会計上の取扱いは次のとおりです。

譲渡企業株式（子会社株式）は、交付した譲受企業株式の株式交換効力発生日における時価により計上します（結合指37、38（1）、110）

| 借方 | 金額 | 貸方 | 金額 |
|---|---|---|---|
| 子会社株式 | 60 | 自己株式 | 40 |
|  |  | 払込資本※ | 20 |

※ 増加すべき払込資本の内訳は、会社法の規定に基づき決定します（結合指112、会計規39）。本件のようなケースでは、子会社株式計上額の範囲内で株式交換契約に定めた金額で会計処理を行います。なお、本件のように株式交換の対価がすべて自己株式である場合は、全額その他資本剰余金とすることができますが、新株が含まれている場合には、当該新株に対応する金額を資本金または資本準備金としなければなりません（会計規39②）。

### 税務

本件のような非適格株式交換の税務上の取扱いは次のとおりです。

**1．譲渡企業株主**

課税関係は生じません（所法57の4①）。完全親法人株式の取得価額は、当該株主の完全子法人株式の取得価額を引き継ぐこととなります。

**2．譲渡企業**

土地などの一定の資産について含み損益を計上します。なお、会計上は何も処理しないため、税務上だけの処理です。

**3．譲受企業**

課税関係は生じません。なお、譲受企業において計上する完全子法人株式の金額は、完全子法人株式を取得するために通常要する価額（時価）となります（法令119①二十七）。

## 3-9 株式交換+株式譲渡
株式交換の活用により複雑な株式持合関係を整理し第三者承継を実現

### point
- 大手老舗企業グループは資本関係や不動産保有関係が複雑になっていることがあり、M&Aの準備として組織再編を行うケースがある
- 適格組織再編となるか否かの判断が必要である
- 不動産を多く保有している場合、登録免許税などにも留意が必要である

### 事例概要

|  | 譲渡企業 | 譲受企業 |
| --- | --- | --- |
| 業種 | 不動産・土木等 | 海運・建設・不動産 |
| 所在地 | 九州 | 九州 |
| 譲渡理由 | 後継者不在 | ー |
| スキーム | 株式交換+株式譲渡 ||

### スケジュール

|  | 譲渡企業 | 譲受企業 |
| --- | --- | --- |
| X年6月上旬 | コンサルティング契約締結 | ー |
| X年7月上旬〜8月下旬 | 財務調査・再編提案 | ー |
| (X+1)年2月下旬 | 株式交換契約締結 | |
| (X+1)年4月上旬 | 株式交換効力発生日 | ー |
| (X+1)年7月上旬 | ー | 提携仲介契約締結 |
| (X+1)年12月中旬 | 基本合意契約締結 ||
| (X+2)年2月下旬 | デューデリジェンス ||
| (X+2)年4月中旬 | 株式譲渡契約締結 ||
| (X+2)年5月下旬 | 株式譲渡実行（譲渡日） ||

3-9 株式交換+株式譲渡

### 実行イメージ

① 現状

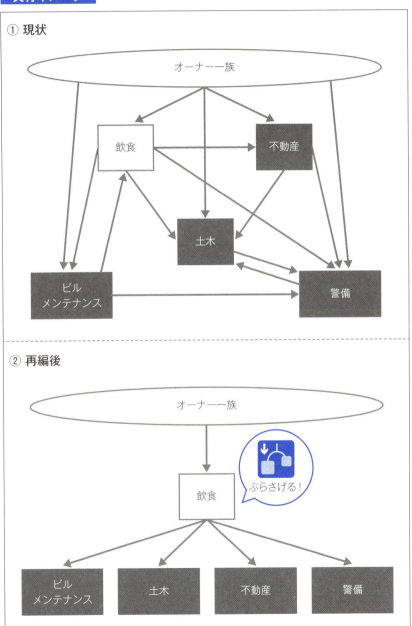

② 再編後

## STEP 1　意向の確認

### 譲渡企業側

　譲渡企業は、宅地造成からスタートし、現在では不動産、土木、ビルメンテナンス、飲食などをグループ5社で営む地方のコングロマリットの老舗企業です。

　ここまで一代で築き上げてきたオーナー社長も70歳となり、経営者として気力・体力ともに陰りが見えてきたことから、事業承継の方法を模索していました。オーナー社長には娘がいましたが、親族への承継は難しいと判断し、M&Aでの事業承継を決断しました。

　老舗企業グループということもあり、過去において少数株主の株式買取りや相続対策を意識した結果、グループにおける株式持合関係や不動産保有関係がかなり複雑になっていました。

### 譲受企業側

　譲受企業は、こちらも同じ県内で海運や建設をはじめとする複数の事業会社を傘下にもつコングロマリット企業グループであり、今回のM&Aで各事業において顧客やノウハウの面で相乗効果が生まれるとして譲渡企業グループを自社のグループ傘下に取り込むことを決断しました。

　譲渡企業グループは老舗企業ゆえに純資産が重かったため、グループを一括で引き受けることのできる譲受企業を探すことは難しいと思われていました。しかし、両社は県内を代表する企業同士であったため、地元への思いという面でも志が一致しました。メインバンクの支援もあって、交渉の早い段階からグループ5社すべてを譲受企業グループの傘下におさめる方向性で動きました。

## STEP 2　スキーム検討・決定

### グループの複雑な株式持合関係を整理する

　前述のとおり、譲渡企業は過去の経緯からグループの株式持合関係と不動産保有関係が複雑になっていました。この状態のままではM&Aの相手先を探すことは難しく、また、グループ５社一括譲渡だけでなく事業会社ごとの個別譲渡も視野に入れて、まずは組織再編を実行することにしました。

　各社の実態把握のため財務調査を実施したうえで、M&Aを見据えた最適な組織再編スキームを検討したところ、主に次の３つのスキームが考えられました。

　１．合併（その後、必要に応じて事業ごとに会社分割または事業譲渡）
　２．株式交換（再編により子会社が保有することとなる親法人株式は速やかに解消）
　３．株式移転（再編により子会社が保有することとなる親法人株式は速やかに解消）

### １．合併の検討

　５社すべてが合併することで１つの会社になりますので、問題となっている株式持合関係や不動産保有関係が一気に解決されるという点ではベストな再編手法でした。一方で懸念点として挙がったのが、譲渡企業グループが多額の不動産を保有していたことから、合併時に多額の登録免許税が発生することでした。合併時には不動産取得税は非課税となり、登録免許税にも軽減税率が適用されるものの、登録免許税だけでも大きな負担となることからグループ内再編で多額の税金を支払うことはオーナーとしては受け入れ難く、合併には難色を示されました。また、一括譲渡ではなく個別譲渡となった際には会社分割または事業譲渡が必要になる点もデメリットでした。

### ２．株式交換の検討

　グループの１社が持株会社機能を有していたので、当該会社を完全親法人として残り４社を完全子法人にする株式交換スキームを検討しました。この手法では株式持合関係は整理されますが、不動産保有関係はいびつなままで

す。一方で、完全親法人の事業だけを個別譲渡する場合、会社分割または事業譲渡で事業を切り出す必要がありましたが、幸い完全親法人には事業用不動産がほとんどなかったことから、会社分割または事業譲渡を行うことになったとしても、合併で論点となった不動産にかかる税金の支払いは発生しないことから、その点でオーナーにとっては実行しやすいスキームとなりました。

### 3．株式移転の検討

　純粋持株会社の下にグループ5社が完全子法人としておさまる形になり、基本的には株式交換と同様に株式持合関係は整理されますが、不動産保有関係はいびつなままです。また、個社ごとの譲渡はしやすくなりますが、持株会社という新会社ができることによる運営コストの増加をオーナーは懸念されていました。

　以上から、1．～3．で譲渡企業グループの課題を一気に解決する最善の手法はありませんでしたが、複雑な株式持合関係の整理を第一に考え、費用対効果を勘案した結果、2．の株式交換を実施することになりました。

#### 株式交換を選択する場合、税制適格要件を満たすこと

　株式交換が税制上、非適格株式交換に該当すると、完全親法人は完全子法人株式を時価で受け入れることになります。また、完全子法人の有する一定の資産（固定資産、土地等、有価証券、金銭債権、繰延資産）については時価評価し、その評価損益を計上する必要があります。譲渡企業グループは前述のとおり多額の不動産を保有しており、取得時期がかなり古いものも多く存在していたので、非適格株式交換に該当すると不動産の含み益が顕在化し、その含み益に課税が行われることになります。本件ではこの課税を回避すべく適格株式交換で進める必要がありました。

　一方で、譲渡企業グループは資本関係が複雑なものの、全体としてみればオーナー一族がすべての株式を保有する、いわゆる同族会社でした。したがって、税制的には100％グループ内再編に該当し、対価として完全親法人株式以外の資産が交付されない限り、適格株式交換に該当すると考えられました。しかし、複雑な株式持合関係と組織再編後にM&Aによる事業承継を検討し

ていたため、以下の2つの論点を慎重に検討する必要がありました。

## 1．グループ会社間での持合株式について

　100％グループ内の適格株式交換に該当するには、親子関係にしろ兄弟関係にしろ、発行済株式の全部を直接または間接に保有する関係でなければなりません。しかし、持合株式があるとこの100％の保有関係は成立しなくなります。そのため、100％グループ内の組織再編には該当しなくなるのではないかという疑義が生じることになります。この点、国税庁の質疑応答事例では『完全支配関係とは、基本的な考え方として、法人の発行済株式のすべてがグループ内のいずれかの法人によって保有され、その資本関係がグループ内で完結している関係、換言すればグループ内法人以外の者によってその発行済株式が保有されていない関係をいうものと解されます。』とされており、外部の株主が存在しない場合においては100％グループ内の組織再編であると考えられたことから、本件も100％グループ内再編として取り扱うことに問題はないと考えました。

## 2．M&Aを見据えた100％グループ内再編について

　本件はグループ内再編が目的ではなく、あくまで最終的なゴールはM&Aによる事業承継でした。したがって、株式交換で株式持合関係を整理した後、譲受企業を探すことになります。将来的には譲渡が想定されます。

　この場合、100％グループ内の適格要件である株式交換後も完全親法人と完全子法人がオーナー一族により完全支配関係の継続が見込まれているという要件を満たしているといえるのかが論点となりました。

　これに関しては、株式交換後にグループ外に譲渡する予定があっても、株式交換効力発生日において譲受企業が特定されておらず、あくまで株主の希望に過ぎない状況においては譲渡が予定されていないと考えられるため、完全支配関係の継続が見込まれていると判断して差し支えないものと考えられました。

　以上2つの論点を明確にすることで、本件は適格株式交換として進めていくことになりました。

## STEP 3 スキームの実行

### スケジュール

|  | 完全親法人 | 完全子法人（4社） |
|---|---|---|
| （X＋1）年2月下旬 | 取締役会決議 | 取締役会決議 |
|  | 株式交換契約締結 ||
| （X＋1）年3月上旬 | 株主総会招集通知発送<br>（株主に対する通知） | 株主総会招集通知発送<br>（株主に対する通知） |
|  | 事前開示書面の備置 | 事前開示書面の備置 |
| （X＋1）年3月下旬 | 株主総会特別決議 | 株主総会特別決議 |
|  | ― | 取締役会決議<br>（自己株式の消却） |
| （X＋1）年4月上旬 | 株式交換効力発生日 ||
|  | 事後開示書面の備置 ||

### 手続

#### 1．株式交換契約書

　株式交換契約書は完全親法人と完全子法人との会社間の契約書となります。本件では、4社分の契約を締結していますが、グループ内での組織再編であったことから、会社法上求められる最低限の内容程度に記載をとどめておく形にしています。

#### 2．株式交換を実施する際に割り当てる株式について

　前述のとおり、譲渡企業グループは過去の背景から非常に複雑な株式持合関係となっていたため、株式交換を実行することで株式交換比率に基づいてどの株式に完全親法人株式を割り当てればよいかがポイントとなりました。
　この点、会社法上は以下のように整理されます。

---

① 完全親法人が有する完全子法人株式…不可（会768①三）
② 完全子法人が有する完全子法人株式（自己株式）…割当必要
　→完全子法人による親法人株式保有に
③ 完全子法人が有する完全親法人株式…そのまま
　→完全子法人による親法人株式保有に

④ 完全子法人が有する他の完全子法人株式…割当必要
　→完全子法人による親法人株式保有に

　本件では①〜④すべてのケースが発生し、また、株式交換を行うことで完全子法人となったグループ4社において相当数の親法人株式を保有することになります。そこで子会社が保有する親法人株式を減らすための事前対策として、②の自己株式については株式交換前に消却を行うことにしました。

### 3．株主総会基準日設定公告

　株主総会で議決権行使をする株主を特定するために株主総会に先立って株主総会基準日の設定公告をすることがありますが、本件では株主の異動がないことが確実であることから、設定公告を省略しています。

### 4．株主総会招集手続

　株主総会開催のためには、非公開会社※の場合、株主総会の1週間前までに招集通知を発する必要があります（会298①④、299①）。本件においても当該規定に従い招集手続を行っていますが、株主に対する通知と合わせて行っている関係上、1週間前より早いタイミングで招集通知を発送しています。

> ※　公開会社以外の株式会社のことであり、発行する株式にすべて譲渡制限がついている株式会社のことを指します。

### 5．株主に対する通知公告

　組織再編では、当該議案に反対する株主は株式買取請求ができます（会785①、797①、806①）。当該反対株主の権利行使のため、効力発生日の20日前までに株主に対して、通知または公告が必要とされています（会785③④、797③④）。本件では、臨時株主総会の招集通知と兼ねて通知を行っています。

### 6．自己株式の消却

　前述のとおり完全子法人が保有していた自己株式は、株式交換効力発生前に消却しています。実務的には、反対株主の買取請求権行使に伴い完全子法人が取得する可能性のある自己株式も含めて、消却する旨を取締役会決議で行うことになります（会178）。

### 会計

本件のような株式交換の会計上の取扱いは次のとおりです。

本件は100%グループ内の株式交換であるため、共通支配下の取引として以下のような会計処理を行うことになります。

#### 1．完全親法人

本件株式交換では、完全親法人が、完全子法人となる会社の株式を保有している個人の同族株主またはグループ会社に対して、完全親法人株式を交付することなります。そのため、完全親法人が追加で取得する完全子法人株式の取得原価は、当該株式交換完全子法人の株式交換日前日の適正な帳簿価額による株主資本の額に、株式交換日前日の持分比率を乗じた持分相当額により計上することになります（結合指236-4）。

| 借方 | 金額 | 貸方 | 金額 |
|---|---|---|---|
| 子会社株式 | 100 | 払込資本※ | 100 |

※ 増加すべき払込資本の内訳は、会社法の規定に基づき決定します（結合指236（2）、会計規39）本件のようなケースでは、子会社株式計上額の範囲内で株式交換契約に定めた金額で会計処理を行いますが、株式交換の対価がすべて新株である場合は、資本金または資本準備金として処理しなければなりません（会計規39②）。

#### 2．完全子法人

本件では、完全子法人となる法人同士が株式を持ち合っている状況であったことから、本件株式交換に伴い、完全親法人株式を完全子法人が取得することになりました。当該完全親法人株式の取得原価は、税務処理同様、もともと保有していた他の完全子法人株式の適正な帳簿価額となります（結合指236-4）。

## 税務

本件のような完全親法人株式のみを対価とする適格株式交換の税務上の取扱いは次のとおりです。

### 1．譲渡企業株主（オーナー一族）

課税関係は生じません（所法57の4①）。完全親法人株式の取得価額は、当該株主（オーナー一族）の完全子法人株式の取得価額を引き継ぐこととなります。当該取扱いは、法人株主であっても同様です（法法61の2⑨、法令119①九）。

### 2．完全親法人

課税関係は生じません。

本件では、完全子法人株主は50名未満であったことから、【1－2－4】のとおり各株主の取得価額の合計額をもって、以下のような税務処理を行います。

| 借方 | 金額 | 貸方 | 金額 |
|---|---|---|---|
| 子会社株式 | 20 | 資本金等の額 | 20 |

### 3．完全子法人

課税関係は生じません。なお、本件では、完全子法人となる法人同士が株式を持ち合っている状況であったことから、本件株式交換に伴い、完全親法人株式を完全子法人が取得することになりました。当該完全親法人株式の取得原価は、もともと保有していた他の完全子法人株式の取得原価を引き継ぐことになります（法法61の2⑨、法令119①九）。

## 3-10 現金対価の株式交換
株式交換によるスクイーズアウト
（少数株主からの株式強制買取り）

### point
・株主が分散している案件では株式交換により強制買取りが可能
・株式交換には譲受企業から現金を交付する方法もある
・譲渡企業の一定の資産の評価損益の課税関係に留意する

### 事例概要

|  | 譲渡企業 | 譲受企業 |
|---|---|---|
| 業種 | 高齢者施設向け給食業 | 給食業 |
| 所在地 | 近畿 | 九州 |
| 譲渡理由 | 後継者不在 | ― |
| スキーム | 現金を対価とした株式交換 ||

### スケジュール

|  | 譲渡企業 | 譲受企業 |
|---|---|---|
| X年2月上旬 | 提携仲介契約締結 | ― |
| (X+1)年4月下旬 | ― | 締結仲介契約締結 |
| (X+1)年7月上旬 | 基本合意契約締結 ||
| (X+1)年7月中旬 | デューデリジェンス ||
| (X+1)年9月下旬 | 株式交換契約・株式交換付帯契約締結 ||
| 〜 | 株式交換諸手続 ||
| (X+1)年11月下旬 | 株式交換効力発生日（譲渡日） ||

3-10 現金対価の株式交換

**実行イメージ**

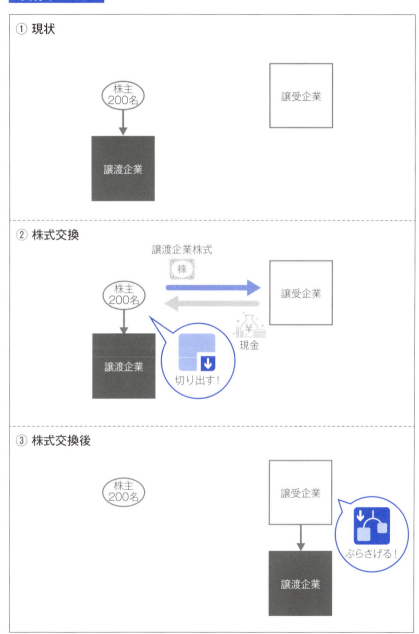

## STEP 1　意向の確認

### 譲渡企業側

　譲渡企業は高齢者施設向け給食サービスを行っていました。毎期増収増益でしたが、後継者不在のため、近隣エリアへの展開など大規模な設備投資に踏み切れない状況が続いていました。資金力のある譲受企業との資本提携を行うことで全国展開と安定的な食事の提供を行うことが可能となり、後継者問題も解決するのではと考えていました。

　一方で、M＆A後も独自性を残したいと希望されていたため譲受企業の子会社となるよう株式譲渡スキームを軸に考えていたものの、株主が200名と分散しており、どのように譲渡するのかが課題でした。

### 譲受企業側

　譲受企業は給食サービスを幅広い分野で行っていたものの、事業所給食施設が中心となっており、譲渡企業が手掛ける高齢者施設向け給食はそれほど手掛けていませんでした。

　高齢者施設は少子高齢化の影響から増加傾向にあり、今後めざましい成長が見込めない給食業界において、当該施設向けの給食事業は魅力的な分野でした。そのため、譲受企業は譲渡企業を傘下に入れることにより、高齢者施設向け給食事業のノウハウを獲得し、当該分野の進出を本格化したいと考え譲受けを決断しました。

## STEP 2　スキーム検討・決定

### 株式譲渡に問題はないか？

　譲受企業は、譲渡企業株式100％の取得を希望していましたが、譲渡企業株主が200名と分散しているため、株式譲渡の手法で100％の取得ができるか懸念されました。そのため、株式を譲渡側で事前に取りまとめたうえで株式譲渡するか、別のスキームを検討する必要がありました。

　事前の取りまとめは株主が分散しすぎていたため実務的には難しいものでした。本件では、譲渡企業主要株主が譲渡企業の発行済株式数の３分の２以上の株式を保有しており、株式交換の株主総会特別決議の承認も問題なく行えることから、次の株式交換の検討を行いました。

### 株式交換スキームの検討

#### １．譲受企業株式を対価

　会社法上の株式交換手続を行うことにより、諸手続が必要ではあるものの、譲受企業は譲渡企業株式100％を強制買取りできます。しかし、譲受企業は非上場会社であるため、株式交換の対価を譲受企業株式とするのは、譲渡企業株主としては換金できない資産を取得する形となり、また、譲受企業としては譲渡企業株主が自社の株主になるという２つの問題点がありました。

#### ２．現金を対価

　現金を対価とする株式交換手続であれば、前述１．の２つの問題点を解決でき、譲渡企業株主も株式譲渡所得の課税で済みます。

　一方で、現金対価であることから非適格株式交換となるため、譲渡企業が保有する土地などの一定の資産の評価損益を税務上計上する必要がありました。また、現在の税法では、営業権（自己創設のれん）の評価益計上は不要とする取扱いが明確になっているものの【２－２の関連論点】、当時は計上すべきという考え方が強い時期でした。

　計上年度から５年で評価益と同額の償却費が計上でき最終的には損得がない点と、土地の含み損を計上できる点で譲受企業としてもこのスキームで実行することになりました。

## STEP 3　スキームの実行

### スケジュール

| | 譲渡企業 | 譲受企業 |
|---|---|---|
| （X＋1）年9月下旬 | 取締役会決議 | 取締役会決議 |
| | 株式交換契約・株式交換付帯契約締結※ | |
| | 株主総会基準日設定公告 | － |
| （X＋1）年10月中旬 | 事前開示書面の備置 | 事前開示書面の備置 |
| | 株主総会招集通知発送<br>（株主への通知） | － |
| （X＋1）年10月下旬 | 株主総会特別決議 | 簡易株式交換のため<br>株主総会決議を省略 |
| | － | 債権者保護手続 |
| | － | 株主への通知 |
| （X＋1）年11月下旬 | 株式交換効力発生日（譲渡日） | |
| | 事後開示書面の備置 | |

※　譲渡企業主要株主と譲受企業で締結

### 手続

#### 1．株式交換契約書

　株式交換契約書は譲渡企業と譲受企業との会社間の契約書となります。株主総会招集通知などで社外の者に契約書内容が開示されることになるため、実務的には会社法上求められる最低限の内容程度に記載をとどめておく形になります。

#### 2．株式交換付帯契約書

　株式交換付帯契約書は譲渡企業主要株主と譲受企業との間の契約書となります。譲渡側の表明保証やクロージング条項、役員退職金の支給の義務、損害賠償請求条項など、通常の株式譲渡契約書に記載する詳細を定めるため、株式交換契約書とは別途締結します。なお、この契約書は、前述1．と異なり第三者への開示は不要です。

#### 3．株主に対する通知公告

　組織再編では、当該議案に反対する株主は株式買取請求ができます※1（会785①、797①、806①）。当該反対株主の権利行使のため、効力発生日の20

日前までに株主に対して、通知または公告が必要とされています（会785③④、797③④）。また、本件のように簡易株式交換の要件を満たすことで株主総会決議を省略しようとする場合、当該通知または公告の日から2週間以内に一定数[※2]の反対があったときは、株主総会決議が必要となります（会796③）。一般的に、非公開会社[※3]である場合には、臨時株主総会の招集通知とあわせて株主への通知を行うケースが多く、本件譲渡企業でもそのような対応としています。また譲受企業は、株主に対して通知を行っています。

[※1] 平成26年会社法改正により簡易組織再編の場合、譲受企業の株主は適用除外とされています（会797①但書）。
[※2] 定款に決議要件を高める定めがない場合は議決権の6分の1超（会規197）
[※3] 公開会社以外の株式会社のことであり、発行する株式にすべて譲渡制限がついている株式会社のことを指します。

### 4．株主総会基準日設定公告

譲渡企業における株式交換契約の株主総会決議を行う株主がいつの時点の株主かを明確にするため、基準日の2週間前までに公告を行っています（会124③）。株主総会を開催する場合に、会社法上必ず必要となる手続ではありませんが、本件のように多数の株主が存在する場合には、基準日を定めたうえで招集手続を実施した方が手続上の瑕疵の生じるリスクが低減するため、望ましいといえます。

### 5．株主総会招集手続

株主総会開催のためには、非公開会社の場合、株主総会の1週間前までに招集通知を発する必要があります（会298①④、299①）。本件においても、当該規定に従って招集手続を行っています。

### 6．債権者保護手続

株式交換手続は原則として債権者保護手続は不要ですが、本件は株式交換に伴って譲受企業が交付する対価が現金となり、譲受企業の財産が流出する形となるため、譲受企業において債権者保護手続が必要です（会799①三）。

なお、本件では、譲受企業が官報公告に加えて電子公告を行うことで、債権者に対する個別催告を省略しています（会799③）。

### 会計

本件のような株式交換における譲受企業の会計上の取扱いは次のとおりです。

現金対価により株式交換を行った場合、株式譲渡により株式を譲り受けたときと同様の会計処理となります（結合指36、44）。

| 借方 | 金額 | 貸方 | 金額 |
|---|---|---|---|
| 子会社株式 | 60 | 現金預金 | 60 |

### 税務

本件のような現金を対価とする非適格株式交換の場合の税務上の取扱いは次のとおりです。

#### 1．譲渡企業株主

株式譲渡所得課税がされます。

#### 2．譲渡企業

土地などの一定の資産について含み損益を計上します。なお、会計上は何も処理しないため、税務上だけの処理です。

#### 3．譲受企業

課税関係は生じません。なお、譲受企業において計上する完全子法人株式の金額は、完全子法人株式を取得するために通常要する価額（時価）となります（法令119①二十七）。

3-10 現金対価の株式交換

## 3-11 共同株式移転
### 業界再編の王道
### 持株会社設立によるグループ化

> **point**
> ・同業が合従連衡するために株式移転（共同持株移転）による持株会社（HD社）を設立するケースがある
> ・株式移転が適格組織再編となるかどうかにより課税関係が変わる
> ・株式移転比率をどうするかが課題となる

### 事例概要

|  | A社 | B社 |
| :---: | :---: | :---: |
| 業種 | 食品卸売業 | 食品卸売業 |
| 所在地 | 中部 | 中部 |
| 譲渡理由 | 両社のさらなる成長 ||
| スキーム | 株式移転（共同持株移転） ||

### スケジュール

|  | A社 | B社 |
| :---: | :---: | :---: |
| X年4月上旬 | コンサルティング契約締結 ||
| X年5月中旬 | スキーム選定 ||
| X年6月上旬～8月上旬 | 株式移転比率算定のための財務調査 ||
| X年10月下旬 | ― | 第三者割当増資 |
| X年11月下旬 | 株式移転計画作成 ||
| ～ | 株式移転契約諸手続 ||
| (X+1)年1月上旬 | 株式移転効力発生日（譲渡日） ||

3-11 共同株式移転

**実行イメージ**

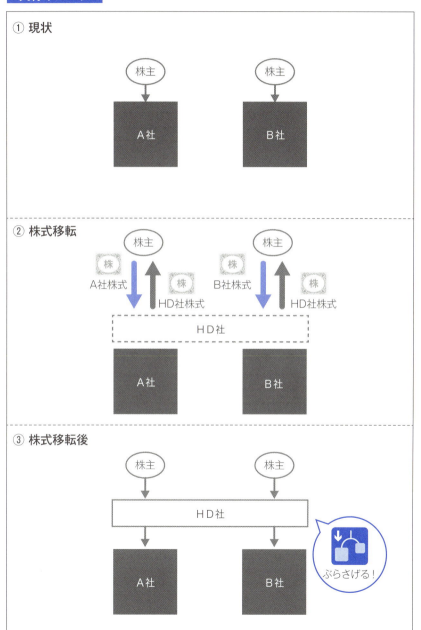

## STEP 1　意向の確認

### 背景

A社・B社は共に中部地方を拠点に食品卸売業を営む企業でした。一部のエリアでは競合関係にありましたが、オーナー同士が旧知の仲であったことから、全国展開する同業大手に対抗するために2社が合従連衡するための手法を検討していました。

食品卸売業は当時あまり業界再編が進んでいない業界で、2社とも業界では大手ではあるものの、同じ規模の企業が全国には多数ありました。そこで2社が統合することにより業界再編を活性化させ、その中心的な役割を担っていく狙いもありました。

### 両者の意向

A社は営業面に特徴のある企業であり、各営業が個人の裁量により小売店に売り込みを掛けることによって継続的に良好な業績を維持し、財務状況は堅調でした。

B社は一時期業績が落ち込んだ時期があり、純資産はA社に比べると見劣りするものの、近年はシステム投資に力を入れ、販売や在庫管理などデータを重視した効率的な運用がされており、A社を凌ぐ収益性を誇っていました。

両社とも目指す方向性は同じであるものの企業文化に大きな違いがあったため、統合スキームとしては2社が1社となる合併ではなく、共同で持株会社を設立して、その傘下に両社がぶらさがることが望ましい形でした。

## STEP 2　スキーム検討・決定

### 本件株式移転は適格組織再編となるのか？

本件では、A社とB社に資本関係がないことから、いわゆる共同事業要件を満たすか否かにより、税制適格となるかを判断しました。

#### 1．金銭等不交付要件

A社、B社の株主に株式移転完全親法人株式（HD社株式）以外の資産が交付されないことから要件を満たすと判断されました。

#### 2．従業者継続従事要件

A社、B社の従業員は全員継続雇用とする方針であったことから、要件を満たすと判断されました。

#### 3．事業継続要件

A社およびB社の事業は、株式移転実行後も引き続き継続することが見込まれたことから、要件を満たすと判断されました。

#### 4．事業関連性要件

A社、B社は同業であり、要件を満たすと判断されました。

#### 5．事業規模または経営参画要件

A社とB社の売上規模は、同じぐらいの水準であったことから事業規模要件を満たし、また、両社の特定役員の退任は1名も見込まれていなかったことから、経営参画要件も満たすと判断されました。

#### 6．株式継続保有要件

B社の株主は、B社のオーナー社長のほか、役員、従業員であり、株式移転実行後も株式移転に伴い交付されるHD社株式を継続保有することが見込まれていました。

しかし、A社の株主にはA社社長の親族が代表を務める関係会社がおり、株式移転実行に伴い、当該HD社株式をHD社に譲渡（自己株式取得）することが見込まれていました。当該関係会社が保有するA社株式数は、A社の発行済株式総数の50％超であったことから、株式継続保有要件を満たさないと判断されました。

## 7．組織再編後完全支配関係継続要件

A社およびB社は、株式移転実行後も株式移転完全親会社（HD社）の完全子法人として継続することが見込まれたことから、要件を満たすと判断されました。

以上の判定より、本件株式移転は、非適格組織再編となるものと判断されました。

### 資産の時価評価

前述のとおり、本件株式移転は、非適格組織再編となると判断されたことから、株式移転完全子法人であるA社およびB社は、株式移転の効力発生日の属する事業年度に一定の資産について、時価評価を行う必要が生じました（法法62の9①）。時価評価の対象とされる資産は、次のとおり定められており、本件において対象となる資産は、次のような状況でした。

| 対象資産（法法62の9①、法令123の11） | A社 | B社 |
|---|---|---|
| 固定資産（土地等を除く） | ○ | ○ |
| 土地等（土地の上に存する権利を含み、棚卸資産である土地等を含む） | ○ | ○ |
| 有価証券 | ○ | ○ |
| 金銭債権 | ○ | ○ |
| 繰延資産 | | |

なお、A社、B社いずれも有価証券を保有していたものの、評価損益が資本金等の額の2分の1に相当する金額または1,000万円のいずれか少ない金額未満のもの、あるいは、帳簿価額が1,000万円未満のものしか保有していなかったため、時価評価の対象外となりました（法令123の11④⑤）。また、土地建物以外の固定資産や金銭債権は、時価評価の対象ではあったものの、簿価と時価が等しいと判断されたことから、時価評価に伴う含み損益が生じることはありませんでした。

土地建物については、鑑定評価に基づいて時価評価を行った結果、両社とも含み損を計上することになりました。

### 株式移転比率

本件では、A社社長とB社社長は、対等な条件での持株会社設立に拘って

いました。対等な条件とは、株式移転比率算定のベースとなる株式価値が同水準、持株会社の役員は両社の役員から2名ずつ選任、というものであり、株式移転比率が両社長の思惑どおりとなるかどうかが1つのポイントでした。

両社の株式価値を算定すると、過去の蓄積がある分A社の価値の方が高いことが判明しました。B社社長は社内外からの見え方を考慮し、株式移転比率算定のベースとなる株式価値が同水準であることが必要であると考えました。そこで、株式移転前にB社社長に対して、第三者割当増資を行うことで、B社の株式価値がA社と同水準になるようにしました。

(調整イメージ)

|  | A社 | B社 |
| --- | --- | --- |
| (増資前) |  |  |
| 発行済株式数（株） | 100 | 100 |
| 株式価値（百万円） | 550 | 500 |
| (第三者割当増資) |  |  |
| 増加株式数（株） |  | 10 |
| 払込金額（百万円） |  | 50 |
| (増資後) |  |  |
| 発行済株式数（株） | 100 | 110 |
| 株式価値（百万円） | 550 | 550 |

この結果、調整イメージのように株式価値が同額となりました。なお、株式移転比率は、1株あたりの価値で算定することから、株式移転完全親法人（HD社）の株式が同じ割合で交付されたわけではありません。

## STEP 3　スキームの実行

### スケジュール

| | A社 | B社 |
|---|---|---|
| X年10月下旬 | — | 取締役会決議<br>（第三者割当増資） |
| X年11月上旬 | — | 株主総会特別決議<br>（第三者割当増資） |
| | — | 払込期日 |
| X年11月下旬 | 取締役会決議 | 取締役会決議 |
| | 株式移転計画作成・株主間契約締結 | |
| X年12月上旬 | 株主総会招集通知発送<br>（株主への通知） | 株主総会招集通知発送<br>（株主への通知） |
| | 事前開示書面の備置 | 事前開示書面の備置 |
| X年12月下旬 | 株主総会特別決議 | 株主総会特別決議 |
| （X＋1）年1月上旬 | 株式移転効力発生日 | |
| | 事後開示書面の備置 | |
| | — | 裁判所への端株売却許可 |

### 手続

#### 1．第三者割当増資

　前述のとおり、B社では株式価値を高めるために株式移転に先立って、第三者割当増資を行うことを決定しました。B社は非公開会社であったことから、臨時株主総会の1週間前に株主に対して招集通知を発しています（会298①④、299①）。また、株主の中には取引先の法人も数社あったことから、会社法319条1項の規定に基づき総株主の同意を書面で得ることで、臨時株主総会を物理的に開催することは省略しました。

　また、臨時株主総会の決議日を払込期日として実行しています（会201③）。

#### 2．株式移転計画

　株式移転計画は、株主総会招集通知などで社外の者に契約書内容が開示されるため、会社法上求められる最低限の内容程度に記載をとどめました。

## 3．株主間契約

　本件では、A社、B社の大株主であるA社社長とB社社長との間で株主間契約を締結しています。株主間契約では、HD社の役員選任に関する事項や組織運営に係る事項、それぞれの保有するHD社株式を譲渡する場合の制限に関する事項、その他、A社、B社に関する表明保証、損害賠償請求条項などが定められました。なお、この契約は第三者には開示不要です。

## 4．株主への通知公告

　組織再編では、当該議案に反対する株主は株式買取請求ができます（会785①、797①、806①）。当該反対株主の権利行使のため、株主総会決議の日から2週間以内に、株主に対して通知または公告が必要とされています（会806③④）。本件では、前述のとおり株主総会招集通知と兼ねて株主への通知を行っています。なお、株主総会決議の日から2週間以内という制限が定められていますが、本件のように株主総会よりも前に株主に対して通知を行うことは問題ありません。

## 5．株主総会基準日設定公告

　株主総会で議決権行使をする株主を特定するために株主総会に先立って、株主総会基準日の設定公告をすることがありますが、本件では、株主の異動がないことが確実であることから、設定公告を省略しています。

## 6．株主総会招集手続

　非公開会社の場合、株主総会の1週間前までに、招集通知を発する必要があります（会298①④、299①）。本件においても当該規定に従って、株主に対する通知と合わせて1週間前に招集通知を発送しています。

## 7．裁判所への端株売却許可

　本件株式移転によりA社株主、B社株主、それぞれに株式移転設立完全親法人（HD社）の株式が交付されますが、B社株主に交付する株式の数に1株に満たない端数が生じることから、会社法234条の規定に基づき、裁判所の許可を得て、HD社が自己株式として取得することになりました。HD社の本店所在地を管轄する裁判所は地方の裁判所であり、先例が少ないため許可を得るまでに時間を要したものの、買取金額の根拠となる評価書の提出とスキーム説明などを行うことで許可を得ることができました。

## 会計

　2社が共同で持株会社を設立した場合、両社が対等だと主張したとしても会計処理としてはいずれかの会社を取得企業、被取得企業として処理を行う必要があります（結合基18）。いずれの企業を取得企業とすべきかについても詳細な定めがあります（結合基18～22）。本件については、株式移転後、HD社の筆頭株主がA社社長となることから、「最も大きな議決権比率を有する株主の存在」を根拠として、HD社では、A社を取得企業、B社を被取得企業として、以下のイメージの会計処理を行いました（結合指120）。

### 1．A社株式

　株式移転効力発生日の前日における株式移転完全子法人（A社）の適正な帳簿価額による株主資本の額で計上します。なお、重要な差異がない場合には直前の決算日における株主資本の額によることも許容されています（結合指121（1））。

### 2．B社株式

　取得の対価は、被取得企業の株主が株式移転完全親法人（HD社）に対する議決権比率と同じ比率を保有するのに必要な数の取得企業の株式を、取得企業が交付したものとみなして算定します（結合指121（2））。すなわち、株式移転比率の根拠となった両社の株式価値に基づいて算定することになります。

| 借方 | 金額 | 貸方 | 金額 |
|---|---|---|---|
| A社株式 | 100 | 払込資本※ | 650 |
| B社株式 | 550 | | |

※　増加すべき払込資本の内訳（資本金、資本準備金またはその他資本剰余金）は、会社法の規定に基づいて決定します（結合指122）。本件のようなケースでは、A社株式とB社株式の計上額の合計額の範囲内で株式移転計画に定めた金額で会計処理を行うことになります（会計規52②）。

### 税務

本件のような非適格株式移転の税務上の取扱いは次のとおりです。

#### 1．A社株主、B社株主

課税関係は生じません（所法57の4②、法法61の2⑪）。完全親法人株式の取得原価は、当該株主の完全子法人株式の取得原価を引き継ぐこととなります。

#### 2．A社、B社

土地建物について含み損益を計上します。なお、会計上は何も処理しないため、税務上だけの処理です。

#### 3．HD社（完全親法人）

課税関係は生じません。なお、HD社（完全親法人）において計上するA社およびB社（完全子法人）株式の金額は、当該完全子法人株式を取得するために通常要する価額とされています（法令119①二十七）。すなわち、本件においては、株式移転比率算定のためにA社、B社の株式価値算定を行っていることから、当該株式価値算定結果に基づいて各社の取得原価が決定されました。

本件のように完全子法人株主に完全親法人株式しか交付されていない株式移転の場合のHD社（完全親法人）の税務処理は以下のとおりです。

| 借方 | 金額 | 貸方 | 金額 |
| --- | --- | --- | --- |
| A社株式 | 550 | 資本金等の額 | 1,100 |
| B社株式 | 550 | | |

# 索引

※本索引は、当該用語を主に説明している箇所や用語解説を付している箇所のページを記載しています。

## 英数字

5年以上の支配関係継続 ……… 164
ＣＯＣ ……………………………… 17

## あ行

移転資産等に対する支配の継続
 …………………………… 4,13,37
移転損益 ………………… 56,62,72,82
印紙税 ……… 19,30,31,54,91,106,123
受取配当の益金不算入 …………… 172
営業権（自己創設のれん）……… 150

## か行

会社分割 …… 36〜85,134,176,199,
　　　　　　211,215,223,224,235,
　　　　　　248
会社法改正 … 19,26,39,190,275,288,
　　　　　　305
課税売上割合 ……………………… 19,91
合併 … 11,14,15,116〜132,134,140,
　　　176,191,192,262,293
合併契約書 ………………………… 31,260
合併法人 …… 120,132,154,159,211,
　　　　　　212,216〜219,262
　　　　　　〜265
株式移転 …… 7,9,112〜115,134,142,
　　　　　　143,158,294,308〜319
株式買取請求権 ………… 27,28,121
株式継続保有要件 … 134,139,282,311

株式交換 …… 7,9,86〜101,103,157,
　　　　　　176,189,191,192,266
　　　　　　〜306
株式交換完全親法人 …… 89〜91,281
株式交換完全子法人 …… 88,90,91,282
株式交換契約書 …… 31,286,296,304
株式交換比率 …………………… 271,283
株式交換付帯契約書 ………… 286,304
株式譲渡 …… 7,16〜23,55,60,61,70,
　　　　　　71,153,171,176,196,197,
　　　　　　206,208,247,266,267,
　　　　　　270,290,303
株式譲渡契約書 …… 19,201,213,225,
　　　　　　259
株式譲渡対価受取書 ……………… 19
株式等売渡請求 ………………… 4,190
株式併合 ………………………… 4,190
株主総会特別決議 ………………… 27
簡易会社分割 ……………………… 238
簡易合併 …………………………… 121
簡易株式移転 ……………………… 106
簡易株式交換 …………… 90,272,283
簡易事業譲渡 ……………………… 28
簡易事業譲受け …………………… 28
簡易組織再編 …… 106,159,275,288,305
簡易分割 …………………………… 47
完全子法人株式 …… 101,108,109,113,

| | |
|---|---|
| 172,296 | |
| 完全支配関係 107,135 | |
| 完全支配関係継続要件 134,137, 140,224 | |
| 官報公告 46,121 | |
| 関連法人株式等 172 | |
| 企業会計基準 12 | |
| 企業結合会計基準 13 | |
| 議決権比率 112 | |
| 規模継続要件 165 | |
| 規模要件 165 | |
| 吸収合併 117,121,123,154,254, 255,264 | |
| 吸収分割 31,38,40〜44,47,52, 54,81,82,155,244〜264 | |
| 吸収分割契約書 31,48,54,251 | |
| 共通支配下の取引 56 | |
| 共同株式移転 103,110,308 | |
| 共同新設分割 206,216,218 | |
| 許認可 49〜53,122,248,254〜257 | |
| 金銭等不交付要件 134,136〜138 | |
| 繰越欠損金 117,118,162,163,187 | |
| グループ法人税制 182 | |
| クロージング条件 18,286 | |
| 経営事項審査 49 | |
| 現物分配 44,176,178〜181,183 | |
| 公開会社 275,287,288 | |

固定資産税評価額 31,54,123
個別財務諸表 13
個別承継 25,28

**さ行**

財源規制 273
債権者保護手続 46,90,105,120, 121,154〜158, 160,202,214, 226,238,250, 260,305
詐害的会社分割 39
詐害的事業譲渡 26
差額負債調整勘定 26,148,149
逆さ合併 122,132
残存債権者 26,39
仕入税額控除 30
事業関連性要件 134,139,164,165, 281
事業継続要件 134,138,139
事業譲渡 24,35,84,153,176,196, 235,248
事業譲渡契約書 30,31
事業分離等会計基準 13
自己株買い 174,185
自己株式の消却 297
資産調整勘定 35,148,149
支配関係継続要件 66,134,137,164
従業員持株会 23
従業者継続従事要件 134,138,281

従業者引継要件 …………… 134,138
取得関連費用 ……………… 21,148
主要資産負債引継要件 …… 134,138
少数株主 …………………… 23,174,272
譲渡制限株式 ……………… 47,122
消費税 …… 19,29,52,91,106,122,123
所在不明株主 ……………… 23
新株予約権付社債 ………… 90,105
新設合併 …………… 117,120〜122
新設分割 …… 36,38,40〜44,47,52〜
56,60〜63,70,72,156,
196,248
新設分割計画書 …… 31,201,214,225,
238
スクイーズアウト ……… 142,188〜
191,300
清算配当 …………………… 175
税制適格要件 …… 4,5,12,13,37,38,87,
104,118,120,135,
180,191,220
正ののれん ………… 26,38,120,146
税務会計 …………………… 12
税務上ののれん …… 26,38,120,148
設立後の支配関係継続 …… 164
全部取得条項付種類株式 … 190
組織再編後完全支配関係継続要件
………… 134,140,282,312
組織再編税制 ……………… 4,13
その他の株式等 …………… 172

### た行
第三者割当増資 …………… 314
退職給与負債調整勘定 …… 149
第二次納税義務 …………… 258
抱合せ株式消滅差益 ……… 15,130
抱合せ株式消滅差損 ……… 15,130
短期重要負債調整勘定 …… 149
単独株式移転 ……………… 103,107
チェンジ・オブ・コントロール条項
………… 17,88,103
超過収益力 ………………… 146
適格株式移転 ……………… 107,110,113
適格株式交換 ……………… 94,97
適格現物分配 ……………… 180,183
適格組織再編 … 87,104,118,134,162
適格分割 …………………… 66,85,170
適時開示 …………………… 238,274,287
電子公告 …………………… 46
転籍承諾書 ………………… 29
登録免許税 19,31,54,91,106,123,176,
224,258
特定資産譲渡等損失額 …… 166
特定引継資産 ……………… 166,167
特定保有資産 ……………… 166,167
独立事業単位要件 ………… 134,138

### な行
のれん ………… 26,38,120,140,141,
146〜149,269,283
のれん償却 ………………… 21,33,82

## は行

被合併法人 …… 119,121,122,123,128, 130～132,154,212
非公開会社 …… 202,214,226,261,275, 287,297,305
非事業用資産 ………… 178,179,223
非支配目的株式等 …………… 172
非適格合併 ………………… 170,171
非適格株式移転 ……… 114,115,317
非適格株式交換 …… 98,269,278,283, 289,294
非適格現物分配 ………………… 180
非適格組織再編 …… 87,104,118,135, 141,143,163,232
非適格分割 …… 58,76,85,199,235
不動産取得税 … 31,176,177,224,258
負ののれん ……………… 147～149
分割型吸収分割 …………… 41,42,44
分割型新設分割 …………… 42,232
分割型分割 …… 42,140,144,220,235, 236
分割承継法人 …… 38,141,155,156,204, 216,218,229,231, 241,243,262,264
分割法人 …… 37,141,155,156,159, 228,231,240,243
分社型新設分割 …………… 42,44,196
分社型分割 ……………… 42,141,235
包括承継 …………………………… 37

簿外債務 ………………… 84,103
簿価移転 …………………… 104

## ま行

みなし共同事業要件 …… 162～164
みなし配当 … 140～143,170～173, 242
無対価合併 ……… 206,209,216,218

## ら行

略式合併 …………………………… 121
略式株式交換 ……………………… 91
略式事業譲渡 ……………………… 28
略式組織再編 …………………… 159
略式分割 …………………………… 47
流通税 ………… 19,31,54,92,106,123
臨時報告書 ………………… 238,287
連結財務諸表 ……………………… 13
連結納税 …………………… 186,187
労働契約承継法 …… 48,155,156,202, 215,227,239, 261
労働者保護手続 …… 48,155,156,202, 215,226,238, 251,261

## 中小企業M&A実務必携　M&A手法選択の実務

2019年3月5日　初版発行
2021年6月22日　初版第2刷発行

**編　者**

熊谷秀幸　　村木良平
雙木達也　　慎　純敏

**発行者**　加藤　一浩
**発行所**　株式会社きんざい
〒160-8520　東京都新宿区南元町19
電話　03-3358-0016（編集）
　　　03-3358-2891（販売）
URL　https://www.kinzai.jp/

印刷　三松堂印刷株式会社　ISBN978-4-322-13444-5

・本書の全部または一部の複写、複製、転訳載および磁気または光記録媒体、コンピュータネットワーク上等への入力等は、特別の場合を除き、著作者、出版社の権利侵害となります。
・落丁、乱丁はお取換えします。定価はカバーに表示してあります。